SONHO SEQUESTRADO

Marcondes Gadelha

SONHO SEQUESTRADO

Silvio Santos e a campanha presidencial de 1989

MATRIX

© 2020 - Marcondes Gadelha
Direitos em língua portuguesa para o Brasil:
Matrix Editora
www.matrixeditora.com.br

Diretor editorial
Paulo Tadeu

Capa
Allan Martini Colombo

Foto da capa
Moacyr dos Santos/SBT

Fotos da página 190 e do autor
João Batista da Silva/SBT

Revisão
Adriana Wrege
Silvia Parollo

CIP-BRASIL - CATALOGAÇÃO NA PUBLICAÇÃO
SINDICATO NACIONAL DOS EDITORES DE LIVROS, RJ

Gadelha, Marcondes
Sonho sequestrado / Marcondes Gadelha. - 1. ed. - São Paulo: Matrix, 2020.
200 p.; 23 cm.

ISBN: 978-65-5616-028-3

1. Brasil - Política e governo. 2. Presidentes - Brasil - Eleições. 3. Campanhas eleitorais - Brasil. I. Título.

20-66296

CDD: 324.70981
CDU: 324(81)

Meri Gleice Rodrigues de Souza - Bibliotecária - CRB-7/6439

Sumário

Alguns juízes são absolutamente incorruptíveis. Ninguém consegue induzi-los a fazer justiça.

Bertolt Brecht

Os manipuladores do dinheiro fugiram de suas altas cadeiras no templo de nossa civilização.
Podemos agora restaurar esse templo segundo as antigas verdades. Há de haver um fim à especulação.
Sou favorável, como norma prática, a pôr as primeiras coisas na frente. E nossa primeira e principal tarefa é colocar o povo a trabalhar.

Franklin D. Roosevelt
(Discurso de posse – 1933)

Agradecimentos

A José Rollemberg Leite Neto e Damião Ramos Cavalcante, pela leitura dos originais.

A Ana Dubeux, pela disponibilização de acervo documental.

A Bertha de Melo Gadelha Abreu, pela revisão.

A Orlando Brito, pela cessão de fotos do seu arquivo pessoal.

A Ana Cecília de Aquino, pelos contatos e relações públicas.

A Simone Dourado Chauvineau, pela pesquisa e digitação.

Para José e Miriam
Para Magna

Palavra inicial

Carta de Silvio Santos para o autor

São Paulo, 31 de julho de 2020

Meu caro Gadelha,

Como vários de meus órgãos, incluindo o óbvio, que não está funcionando há muito tempo, minha memória também a cada dia que passa vai se apagando vagarosamente.

Este seu livro me lembra de acontecimentos que eu já tinha esquecido e me deixa emocionado a cada página que leio.

Considero que estava qualificado para exercer a Presidência da República e tenho certeza de que a equipe que eu escolheria, no mínimo, melhoraria as condições das pessoas mais necessitadas deste país.

Parte do povo mais humilde do Brasil infelizmente ainda vive debaixo de pontes, em casebres de papelão ou de madeira, onde, muitas vezes, só tem um prato de feijão para comer e ainda precisa se preocupar com sua saúde e com os remédios que precisa tomar. Minha atuação seria toda voltada para esses temas que tanto afligem a nossa pobre população. Os demais problemas do nosso país seriam enfrentados também pelo presidente Silvio Santos, mas preservada sempre a prioridade dada à habitação e à saúde.

Você, com seu talento de escritor e generosidade de amigo, me deixou por diversos momentos com lágrimas de saudade e emoção ao trazer de volta aqueles compromissos.

Hoje, com 90 anos, me pergunto se teria sido bom para mim, para a minha família, para a minha televisão e para as pessoas que gostam de mim ter colocado a faixa verde e amarela que estampa a capa deste excelente livro. Sei, porém, que teria sido bom para a causa. E isso me basta. O desafio, então, estava aceito em qualquer circunstância.

Afetuoso abraço,

Silvio Santos

Introdução

O ano de 1989 foi uma espécie de *annus mirabilis* para os cultores da democracia, dos direitos humanos e das liberdades cívicas. Celebravam-se, lá fora, os trezentos anos da Revolução Inglesa – dita a Gloriosa –, que extinguiu o absolutismo e consagrou a representação popular como forma de poder. Comemoravam-se, por outro lado, os duzentos anos da Revolução Francesa, que acenou ao mundo com os ideais de liberdade, igualdade e fraternidade, abjurando privilégios, e promulgou a Declaração dos Direitos do Homem e do Cidadão.

Ainda em 1989, ocorreria a derrubada do Muro de Berlim, assinalando o fim do socialismo real e sepultando um mito que permeou praticamente toda a história do século XX, como uma contrafação de tudo o que prometia em termos de promoção humana e social. Mito, não por acaso, associado sempre a regimes de força, com os seus corolários irrecorríveis: abuso de poder, repressão, violência, corrupção, ineficiência administrativa, penúria e inquietação social.

Internamente, evocava-se com emoção o centenário da Proclamação da República, com a consequente "emancipação da sociedade", que, uma vez aliviada da tutela monárquica, fixaria seus próprios caminhos e métodos para a consolidação de uma nação, a se esperar, próspera.

Finalmente, e mais importante que tudo, naquele ano de 1989 aconteceria no Brasil a primeira eleição direta para presidente da República, após um longo jejum cívico imposto pelo regime militar. Seria como um coroamento ou culminação das promessas, presságios e memórias daquele prodigioso ano da graça de 1989.

O processo eleitoral instaurou-se como uma catarse na alma do povo brasileiro. Afinal, a última eleição desse tipo tinha ocorrido em 1960, com a vitória de Jânio Quadros; ou seja, toda uma geração passara ao largo das urnas democráticas, já que quem tivesse menos de 47 anos em 1989 nunca tinha votado para presidente da República.

A eleição direta seria também uma espécie de despacho saneador, necessário e suficiente para fazermos as pazes com a nossa história e a nossa tradição. Já tínhamos um presidente civil; já tínhamos passado por uma Assembleia Nacional Constituinte; já tínhamos uma ordem institucional razoavelmente bem definida e bem exercitada. Mesmo assim, a eleição direta para presidente era entendida como o marco zero da "Nova República" e o elemento diacrítico para afirmar que, afinal, havíamos entrado no pleno gozo das virtudes e franquias democráticas, consentâneas com o espírito e a formação deste país alegre, onde brilha a eterna primavera.

A empolgação, como era de esperar, logo iria liberar os traços dionisíacos do nosso povo, como se tivéssemos acordado em meio à segunda estrofe de um samba-exaltação.

As circunstâncias favoreciam: liberdades plenas, Constituição "Cidadã", direitos de organização política e participação ilimitados e grau moderado de judicialização. Assim, qualquer um podia se filiar a um partido político em qualquer momento da campanha, para ser candidato, sem maiores questionamentos. Além do mais, a eleição seria realizada em dois turnos de votação – sistema bem aberto, introduzido também pela Assembleia Nacional Constituinte, que valorizava os pequenos partidos e os estimulava a participarem diretamente.

Dessa forma, não surpreende que uma pletora, ou melhor, uma enxurrada sem precedentes de candidatos tenha se apresentado, abrangendo todos os naipes ideológicos, todas as faixas de politização, todos os níveis de qualificação e todo o espectro moral. Resultou que foram lançados inicialmente 21 candidatos pelos mais diversos partidos e coligações, cifra jamais alcançada em toda a história do Brasil e só esporadicamente registrada em algum outro país pelo mundo afora.

A partir da segunda metade da campanha, porém, aquele processo tão distendido começou a afunilar em torno de duas candidaturas que se distanciaram das demais, passando a dividir o pódio das intenções de voto de maneira aparentemente irreversível.

Entretanto, faltando alguns dias para a votação em primeiro turno, um fato novo eclodiu, com um impacto descomunal, prendendo a respiração de um país inteiro e baralhando todos os prognósticos: a candidatura de Silvio Santos.

Ao entrar na campanha, Silvio Santos deslocou os postulantes e assumiu a liderança absoluta nas pesquisas, emprestando foros de irreversibilidade aos fatos, antes mesmo de chegar ao horário eleitoral gratuito do Tribunal Superior Eleitoral (TSE), ou seja, antes de usar a televisão, o seu instrumento mais eficaz.

Àquela altura, uma luz amarela piscava com veemência no acampamento de certos candidatos, especialmente no de Fernando Collor. Estabeleceu-se, entre alguns estrategistas, o conceito de que a candidatura Silvio Santos não poderia chegar às urnas, porque aí ele seria imbatível. Era preciso impedir esse enredo a qualquer custo.

Uma concertação formidável de interesses se armou, então, contra a nova candidatura e ganhou rápida operacionalidade, convertendo-se em uma conspiração poderosa, meticulosa e implacável. Uma conspiração desdobrada em três etapas, com objetivos bem definidos. Em um primeiro momento se tentaria impedir que Silvio conseguisse a legenda do seu partido, o Partido da

Frente Liberal (PFL); em seguida, impedir que conseguisse qualquer outra legenda; e, finalmente, em caso de falha ou insucesso em alguma das etapas anteriores, atropelar a qualquer custo o registro da candidatura no Poder Judiciário.

Não era jogo para amadores, evidentemente. Toda a maquinação seria regida por um triunvirato experimentado, verdadeiros monstros sagrados, com grau de excelência em suas especialidades e máxima destreza nas artimanhas. Por acaso e necessidade, essa troica reunia peças heterogêneas: um cacique político ardiloso, um barão da imprensa e um ministro da ditadura, que atendiam pelos nomes bem assentados de Antônio Carlos Magalhães, Roberto Marinho e João Leitão de Abreu, respectivamente. Os dois primeiros atuariam nas fases 1 e 2 da trama, ao passo que o último cuidaria das articulações no Judiciário, caso necessárias.

Um quarto cavalheiro se juntaria mais tarde ao grupo, menos por *pedigree* e mais por audácia – um certo Eduardo Cunha, então um obscuro economista integrante do movimento jovem do Partido da Reconstrução Nacional (PRN), o partido de Fernando Collor.

De início, Cunha atuava só, como um D'Artagnan de causa inglória; mas depois seria reverenciado e acolhido pelo grupo, dada a eficácia e contundência de seus métodos. Deu-se bem na política ao longo do tempo, e acabou presidente da Câmara dos Deputados, em que se envolveu em episódios mirabolantes que de novo mudaram a história do Brasil.

Este livro é a história do enfrentamento daquela conspiração. Trata-se de um relato na primeira pessoa, dando conta da evolução da candidatura Silvio Santos, desde a sua construção, com as razões que a tornavam singular e necessária naquele contexto, até o delineamento do bom governo a que se propunha. Na sequência narra-se, sempre com alguma percepção endógena, isto é, com os fatos vistos pelo lado de dentro, o esforço dramático pela consolidação dessa candidatura, em meio a manobras, expedientes artificiosos e conluios de toda natureza, articulados com o fito de barrá-la ou destruí-la a qualquer preço. Esforço que envolvia, em última análise, preocupação com o próprio sistema eleitoral, de sorte que não se desnaturasse o método direto e secreto de escolha, recém-introduzido, que tantas esperanças carreava ao país, e não se subordinasse o destino da nação à vontade e ao talante de uns poucos, como se se operasse na prática um retorno a ritos de eleição indireta.

O autor era senador da República à época e integrava a chapa de Silvio Santos como candidato a vice-presidente.

1 Afundem o Bismarck!

Impassível, ao pé da escada que levava ao apartamento 537 da Academia de Tênis de Brasília, com seu bloquinho implacável e caneta reluzente à mão, a jornalista Eliane Cantanhêde era uma ameaça concreta ou, pelo menos, um sinal de alerta.

Escalada pelo jornal *O Estado de S. Paulo* para cobrir o desfecho de uma candidatura que colocara em ponto morto e compasso de espera todo o processo político a quinze dias da eleição presidencial, ela fizera campana em frente à residência do senador Hugo Napoleão – e o seguiria até o fim do mundo ou até onde sua intuição indicasse que alguma coisa estava acontecendo. Ali era o lugar. E dali não sairia. Por via das dúvidas, certificou-se de que não havia alternativas e de que todos desceriam por aquela escada e teriam de conversar com ela. Calculava que a reunião estava por terminar. Afinal, fora iniciada por volta da meia-noite e tinha varado toda a madrugada. Agora o dia estava por amanhecer, e em pouco tempo ela seria compensada largamente por seu esforço.

Lá em cima, porém, as perspectivas e convicções eram outras. Havia-se conseguido a duras penas – e contra o relógio – uma legenda decente para Silvio Santos disputar a eleição, e não se podia expor essa operação a riscos de nenhuma natureza. O Partido Municipalista Brasileiro (PMB) se dispunha a substituir o nome de Armando Corrêa, já lançado candidato, pelo de Silvio Santos, sem maiores exigências, exceto algumas de ordem programática, como a absorção do plano educacional daquele partido de Armando pela nova candidatura, e bem assim o compromisso de um exame em profundidade de um projeto de implantação do imposto único. Silvio e Armando deram-se as mãos; houve aplausos e abraços naquele grupo restrito, seguidos de uma exortação candente do anfitrião, senador Edison Lobão, ao silêncio e à discrição.

Isso significava, entre outras coisas, evitar a imprensa a qualquer custo, ainda que por algumas horas, até que ocorresse a assinatura em público das fichas de filiação, pois havia um ritual a ser cumprido por Armando Corrêa – o relato dos acontecimentos à sua base e à administração da vice-presidência, já que o candidato a esse posto, Agostinho Linhares, se recusava terminantemente a declinar de suas prerrogativas. Até que essas questões estivessem resolvidas, não se podia dar chance ao azar, considerando-se que havia uma concertação formidável de forças políticas movidas por empresas, partidos, candidatos e *moguls* da imprensa, obstinados em impedir a candidatura de Silvio Santos, desta vez evitando que conseguisse uma legenda ou desqualificando as gestões para tal; considerando-se ainda que uma primeira tentativa de homologar a candidatura de Silvio Santos, então pelo PFL, havia falhado, por causa de inconfidências e vazamento à imprensa. A presença de Eliane sinalizava, perigosamente, que a nossa reunião havia vazado.

Resumindo, depois de uma rápida digressão filosófica, decidimos, por uma questão de legítima defesa, que era absolutamente indispensável ser desleal com a imprensa, pelo menos naquele momento. Providências urgiam e precisavam ser tomadas.

Toquei o telefone para o dr. Manoel Gonçalves de Abrantes, meu amigo de infância, morador da QI 9, e pedi que mantivesse seu portão aberto, que eu lá chegaria em alguns minutos, com uma carga muito preciosa. Fiz o mesmo com o ministro do Interior, João Alves, na QI 15, pedindo que mantivesse abertos os dois portões; ele ficou sem entender tanta abertura, mas concordou. Pedi ao companheiro Francisco Benjamim (PFL-BA) que distraísse Eliane Cantanhêde por alguns segundos e, sobretudo, que a afastasse do pé da escada, e desci em disparada com Silvio Santos. Nós nos aboletamos no meu Opala Diplomata 89, assumi o volante e, logo na saída, vi que os meus pressentimentos estavam certos. Ao erguer-se a porteirinha automática da Academia de Tênis, deparei com Tereza Cardoso, do *Jornal do Brasil*, à minha frente; atrás dela, alguém que poderia ser Teodomiro Braga, seu parceiro no acompanhamento da candidatura Silvio Santos, e, mais adiante, um carro apinhado de jornalistas com uma tralha de filmagem e gravação. Silvio, instintivamente, cobriu o rosto com a mão.

Tereza abriu os braços, dramática:

– Gadelha, você não vai fazer isso comigo...

"Isso", imaginei eu, significava atropelamento, que, por enquanto, não estava nos meus planos. Procurei acalmá-la:

– De maneira alguma, Tereza. Venha até minha janela e conversamos.

Quando ela saiu da frente, arranquei com o carro; Teodomiro-ou-quem-quer-que-fosse saltou de lado; ainda ouvi restos de palavrão e imprecações, mas segui em frente, até porque o carro com os outros jornalistas já manobrava para iniciar a perseguição.

Pisei fundo no acelerador. Olhei pelo retrovisor; eles estavam colados. Acelerei mais ainda. Silvio gaguejava, naquela sua maneira especial de engolir o S:

– Ma-ma-ma-mas, Gadelha! Também temos de morrer para chegar à Presidência da República?

Eu disse a ele que àquela altura eu tinha 27 anos de serviços prestados ao automobilismo brasileiro (e continuava vivo). Que a miopia e o astigmatismo só atrapalhavam na leitura, que confiava em meus reflexos, e assim por diante. Ele fez de conta que relaxou e eu aproveitei para acelerar ainda mais.

Na verdade, eu estava orgulhoso de meu desempenho ao volante, e nada me faria esmorecer. Como um James Bond improvisado, rodando a 100 km/h entre as quadras luxuriantes do Lago Sul, com aquela horda sequiosa em meu encalço, eu me surpreendia com a minha proeza. E antes de passar da surpresa ao medo, eis que surge milagrosamente o portão do ministro João Alves. Investi por ele, como vinha; passei por cima de um canteiro de gérberas e, em meio aos solavancos, pela visão periférica, percebi João esbravejando.

– Gadelha, seu louco! Está acabando com o meu jardim!

Alcancei o outro portão e saí na quadra vizinha. Meus perseguidores haviam estacionado na primeira entrada, pensando que a corrida havia terminado e que teríamos alguma reunião na casa do ministro, como de costume. Assim, ganhamos tempo e pudemos chegar mansamente à casa do dr. Manoel, que já estava com o portão aberto, na QI 9.

Dr. Manoel era um profissional bem-sucedido em obstetrícia, pai de Rodolfo, vocalista e líder da banda "Raimundos", que começava a despontar na cena artística. Sua casa era ampla, moderna e bem acabada, como costumavam ser as grandes mansões do Lago Sul. Silvio foi entrando com absoluta naturalidade, admirando e comentando a decoração; já na copa encontrou Domingas, a governanta (parte empregada doméstica, parte membro da família). Feita a apresentação – de resto, desnecessária –, Domingas teve uma epifania. Parecia ver línguas de fogo sobre a cabeça de Silvio Santos; olhava para ele fixamente, o queixo começou a tremer e ela só conseguia balbuciar: "é ele", mas num tom que não se sabia se estava afirmando ou perguntando.

Silvio apenas ria discretamente.

– Sou eu, sim, Domingas!

Ao ouvir seu nome pronunciado por aquela voz gutural à qual se afeiçoara em longas jornadas televisivas aos domingos, Domingas não resistiu e caiu num sofá como que desfalecida.

Literalmente, aquele era o primeiro contato com o povo, na nova fase da candidatura. Procurei adivinhar bons e maus presságios. E se a reação de Domingas fosse uma metáfora?

De qualquer forma, aquele era um bom momento para esfriar a cabeça, ajustar o pensamento e voltar a discutir a campanha. Minha primeira preocupação era com o tempo. Perguntei logo a Silvio se não achava aqueles quinze dias um tempo muito exíguo para enfrentarmos uma campanha para presidente da República. E lembrei que na minha campanha para prefeito de Sousa, no interior da Paraíba, eu havia consumido pelo menos seis meses. Ouvi dele, então, a mais taxativa, a mais definitiva, a mais envolvente demonstração de autoconfiança e de convicção na vitória:

– Gadelha, quinze dias para mim já é mordomia. Eu só preciso de uma semana e ganho esta eleição com um pé nas costas.

Ainda tentei contra-argumentar:

– Mas...

– Não tem mas nem meio mas. Deixa essa questão do tempo comigo. Você entende de política, mas quem entende de povo sou eu.

Lembrei que a imprensa estava cobrando um plano de governo. Ele foi objetivo:

– Não quero discutir plano de governo, muito menos com a imprensa. Quero discutir o governo propriamente dito. O meu governo. Não vou apresentar um projeto acadêmico, pronto e acabado. Quanto ao governo, eu já tenho um rumo bem concreto. Já sei o que vamos fazer, como fazer e com quem fazer. Pretendo me cercar de homens de bem, capazes de operar dentro de três conceitos básicos: honestidade, sensatez e justiça, porque gosto de delegar, e isso impõe confiabilidade, sem necessidade de subordinação ideológica. Vou recrutar esse pessoal entre os meus companheiros, na universidade, no empresariado, nos partidos políticos que me apoiarem no Congresso e mesmo na oposição. Três temas serão centrais em minha administração: saúde, educação e habitação, porque estão ligados à formação de um capital humano eficiente, indispensável para o desenvolvimento do país. Eu entendo que as pessoas é que fazem o desenvolvimento, e não o governo.

– Concordo.

– Então, saúde e educação por razões óbvias, e habitação, para promover a autoestima, que é a terceira perna do tripé da eficiência. Este vai ser um dos meus maiores desafios – garantir uma casa para cada família. Tenho isso como uma compulsão, também, pelos dramas humanos que acompanhei como homem de televisão. A casa própria dobra ou multiplica por dez, ou mil, a autoestima do cidadão, além de atuar como fermento na economia, pelo número de empregos que gera e por tocar praticamente todos os setores da produção.

Procurei ajudar:

– Os franceses dizem que tudo vai bem se a construção civil vai bem. É o melhor indicador.

– É. Mas, no que diz respeito à economia, a prioridade absoluta será liquidar a inflação, acabar com os ganhos especulativos e fazer com que o capital se oriente para a produção física de bens e de serviços.

Aqui, sem querer, Silvio percutiu a nota dominante das nossas razões; a justificação mais importante para a sua candidatura; o motivo pelo qual nós entendíamos que ele era o homem certo e, possivelmente, o único para aquele momento que o país atravessava.

Acontece que o Brasil apresentava os piores índices inflacionários de sua história – em torno de 90% ao mês –, algo só comparável ao Encilhamento na Primeira República ou à economia da Alemanha no entreguerras, nos anos 1920. Os preços eram remarcados várias vezes ao dia; a moeda, inteiramente desmoralizada, era objeto de chacota, e se tinha de conviver com uma profusão de indicadores do caos.

O mais perverso de tudo é que havia um comprazimento indisfarçado com a situação por parte dos mais ricos – e havia mesmo quem torcesse por uma inflação maior a cada anúncio dos índices. Era a maneira fácil de ganhar mais juros e correção monetária, enriquecendo ainda mais sem fazer força. Esse comportamento fez escola. Em pouco tempo, ninguém queria mais trabalhar. Quem tivesse alguns trocados não iria abrir ou ampliar um negócio: juntava tudo e aplicava na ciranda financeira.

Havia mesmo quem procurasse se desfazer de seus ativos para aderir à especulação. Todos procuravam refinar a arte de especular, e a sua linguagem excitante entrava para o cotidiano do povo brasileiro – *overnight*, ORTNs, *hot money*. Qualquer coisa, menos trabalho.

É evidente que essa atitude só poderia levar à estagnação, que por sua vez engendraria mais inflação, que levaria a mais especulação, num círculo vicioso infernal.

Silvio Santos era o antídoto perfeito para tudo isso. Mais do que um presidente, ele seria o modelo de que a nação precisava para voltar aos bons costumes e acreditar que o trabalho compensa.

Usaríamos a sua própria história de vida para gerar exemplaridade. A saga do menino pobre que começou a trabalhar aos 15 anos, vendendo carteirinhas na balsa de Niterói, e tornou-se dono da segunda maior rede de televisão do país e proprietário de um império econômico que faturava 1 milhão de dólares por dia. E mais, tinha conseguido tudo isso jogando limpo, com absoluta transparência. Silvio não era o homem mais rico do Brasil, mas era o maior pagador de impostos individualmente. E, nas 33 empresas que dirigia, nunca havia tido sequer uma questão trabalhista de monta.

Ele tinha, portanto, autoridade e capacidade de persuasão para trazer o país de volta à economia real. Tentei lhe dizer que compreendia por que ele não estava tão preocupado com um plano elaborado de governo, mas ele continuava falando.

A dona da casa, dra. Jacira Abrantes, também médica e pediatra dos meus filhos, sugeriu que ele descansasse um pouco, pois teria ainda uma jornada muito intensa pela frente, e ofereceu os aposentos do casal.

Silvio apenas tirou os sapatos e prosseguiu discursando sobre a questão econômica no seu governo, informando agora que, paralelamente ao enfrentamento da inflação e da especulação, faria uma distribuição da renda social.

– Vou aumentar o salário mínimo e estimular o crescimento de toda a massa salarial; vou conversar com o Suplicy (Eduardo Suplicy, PT-SP, então vereador) sobre o seu programa de renda mínima, porque acho que um país é do tamanho de seu mercado interno.

Concordei, e, àquela altura, uma parte das minhas preocupações havia se dissipado. Procurava adivinhar agora qual seria o próximo lance dos nossos contendores, melhor dizendo, algozes, quando soubessem que havíamos conseguido a legenda. Com certeza reagiriam de maneira contundente. Para além da fúria e do ardil, buscariam agir como profissionais. Tentariam ameaçar o presidente Sarney, como suposto articulador da candidatura Silvio Santos, na esperança de que ele viesse a refluir? Tentariam desfazer, desqualificar ou de qualquer forma torpedear a aliança com o PMB? Tentariam embargar a candidatura no Judiciário? Todas as hipóteses estariam corretas?

Como bom estrategista, Antônio Carlos Magalhães sabia que a candidatura de Silvio Santos tinha de ser abatida no chão. Não podia alçar voo, isto é, não podia chegar às urnas, porque ali ele seria imbatível. Roberto Marinho, seu parceiro na bem-sucedida operação para "desrenunciar" Aureliano Chaves (fato crucial, no contexto dessa história, como se há de ver), estava em permanente disposição bélica, pronto e mobilizado para essa cruzada e já atroando palavras de ordem do tipo: "delenda est Silvio"[1], ou, em linguagem mais moderna, "afundem o *Bismarck*", ou, em tom mais direto, "destruam essa candidatura de qualquer maneira e não deixem pedra sobre pedra". Afinal, Silvio não era exatamente um padrão global. E a equipe de Collor, agressiva e ágil como um bando de *pitbulls,* executaria qualquer tarefa com rapidez e precisão.

Afinal, eles tinham tudo a perder. Até aquele momento, Collor estava com a eleição ganha. Mantinha uma distância folgada em relação aos demais concorrentes, e nada indicava que fosse desacelerar o seu *bandwagon.* Muito pelo contrário.

O único empecilho estava ali, naquela malsinada candidatura de Silvio Santos. Ele era a pedra no caminho, o fato novo capaz de mudar o curso da história. De fato, Silvio seria o único candidato a roubar de Collor de Mello o primeiro posto nas pesquisas em qualquer momento da campanha. E isso, às vésperas da eleição, era uma temeridade, uma situação rigorosamente inaceitável.

Depois de todo aquele ajuntamento de forças, de todo o dinheiro investido, de toda aquela parafernália publicitária e logística, era inconcebível ver a inefável perspectiva do poder esvair-se como água entre os dedos.

No nosso campo, a ideia de mudar a história do Brasil era cultivada com mal disfarçado orgulho. Boa parte dos nossos companheiros via a figura de Fernando Collor com nítida desconfiança. O andar marcial, o olhar sempre iracundo, as mãos crispadas, os gestos bruscos, a linguagem ríspida que faziam o encanto do seu público traíam para nós um temperamento despótico, uma vocação autoritarista, um viés autocrático – enfim, uma dose de força muito fora do normal, eivada de suspicácia, para um país ainda convalescendo de uma ditadura militar.

---

1 Paráfrase da expressão com que Catão, o Velho, terminava sempre seus discursos: *delenda est Carthago* ("que Cartago seja destruída"), clamando pela aniquilação da cidade, pois nela via uma ameaça à estabilidade do Império Romano. (N. do A.)

"Este moço, se chegar ao poder, será um perigo para as instituições; vai botar os pés pelas mãos, vai querer mexer na Constituição, enquadrar o Congresso, estabelecer o arbítrio pessoal, as soluções pela força." Eram vaticínios sombrios a que de vez em quando nos entregávamos.

Felizmente, a candidatura Silvio Santos era um anteparo natural àqueles desvarios. Tudo que nós tínhamos de fazer era assegurar que tal candidatura chegasse às urnas, que fosse votada. E nós conseguiríamos, com certeza. O pior já tinha passado. Os percalços à frente não se consumariam. Sarney não se submeteria a chantagens. Aliás, vinha se comportando como um magistrado, com absoluta isenção. Não tinha nenhum envolvimento no pleito, pelo menos para efeito público, e, de qualquer forma, não tinha controle sobre a candidatura Silvio Santos.

Armando Corrêa, por seu turno, se mostrava de uma firmeza inabalável. Nada se podia dizer contra o caráter e a dignidade daquele homem. Nenhuma pedra poderia lhe ser atirada. Nada se poderia dizer contra ele, a não ser que era um contumaz perdedor de eleições. Já havia perdido tantas... A última delas havia sido para prefeito de São Paulo, um ano antes, em 1988, quando obtivera pouco mais de 4 mil votos, algo como 0,08%.

Quanto ao Judiciário, não havia o que temer. Todos os atos haviam sido praticados ao abrigo da lei. Não havia prazo de filiação para efeito de registro de candidaturas, e qualquer um podia, pelas normas do direito eleitoral vigente, apresentar a sua postulação até 24 horas antes do pleito.

A candidatura de Armando Corrêa já havia sido homologada – com o número 26 – e já ocupava o horário eleitoral gratuito, sob a égide do próprio tribunal, o que fazia supor que havia passado por todas as crises e superado todas as objeções.

Estávamos, pois, numa posição confortável e imunes a quaisquer acidentes de percurso. E havia o povo.

O povo estava numa expectativa tensa, aguardando uma confirmação para se manifestar, para se desatar em mil cordões pelas ruas e avenidas.

O povo seria o divisor de águas das elites e a grande força de dissuasão necessária e suficiente para inibir quaisquer ações nefastas que porventura estivessem sendo tramadas.

Afinal, era o seu povo, que nutria uma confiança resoluta em Silvio Santos, muito esperava dele e entretinha com ele uma relação muito especial, diferente daquela que guardava com os outros políticos. A relação do conhecimento. O povo entendia de Silvio Santos e guardava com ele uma relação genuína de confiança, mas pouco entendia dos outros políticos. Destes o povo conhecia a cara; de Silvio, conhecia a alma. Afinal, eram décadas de convivência, coisa de velhos amigos, e não apenas o período fugaz de uma campanha. E a televisão, por mais produzida ou impostada que fosse, não conseguiria que uma *persona* se impusesse ou anulasse a pessoa que a vestia ou fosse o seu avatar. Não por tanto tempo. O Silvio de carne e osso, para o seu povo, era o mesmo que estava na televisão.

Poderíamos convocá-lo aos milhões. As primeiras pesquisas que incluíssem o nome de Silvio Santos iriam mostrar sua força descomunal; iriam mostrar de que lado estava a nação, e isso já seria suficiente para dividir as elites.

As elites deste país gostam de ficar ao lado do povo ou se arvoram de estar sempre ao seu lado – um eufemismo que significa estar ao lado de quem vai vencer, isto é, onde se orienta o poder. Muita gente passaria para o nosso lado por ter encontrado uma alternativa real e não por oportunismo.

Nova onda triunfalista me ocorreu e quase me afogou. Tais fatos iriam completar a blindagem da candidatura. Era prego batido e ponta virada. Tudo caminhava para um final feliz. *Un gran finale.* Já via o Silvio desfilando no Rolls-Royce presidencial, acenando para o povo, em direção ao Congresso, e depois envergando a faixa verde e amarela no parlatório do Palácio do Planalto.

Havia festa no ar. Os metais subiam de tom em minha mente. As cordas vibravam freneticamente. Pratos e trombones faziam barulho, num crescendo de som até seus limites. Súbito, o silêncio...

Olhei para Silvio como que procurando apoio ou indagando se ele comungava daquelas visões, mas não encontrei resposta. Exausto de glória, o presidente tinha adormecido.

2 Por via de consequência...

A candidatura Silvio Santos ganhou efetividade após uma conversa no Senado Federal, em meados de outubro de 1989. Convidado pelo senador Edison Lobão, compareci ao seu gabinete, famoso pelo chá no fim da tarde. "Famoso" é força de expressão. Na verdade, o chá era, por hábito, bem espartano e minguado, constando apenas da infusão de erva-cidreira e alguns biscoitos toscos, que não dissentiam da imagem de mão de vaca do senador.

Desconfiei, então, de que algo importante estava para acontecer, pela profusão de acepipes e iguarias expostos na mesinha bem arrumada: doces, compotas, geleias de todos os tipos, bolos, patês, frutas cristalizadas, pães, *croissants*, tortas e outros mimos da pastelaria, além de uma fieira de rótulos de chás das mais diversas procedências.

Lá já se encontrava o presidente do PFL, Hugo Napoleão. Começava a se formar ali também o trio que a imprensa veio a chamar depois de "Os Três Porquinhos".

Lobão fez um longo arrazoado sobre a evolução da candidatura Aureliano Chaves à presidência, que tinha o nosso apoio. Aliás, àquela altura, nós e mais algumas honrosas exceções éramos o que remanescia de apoio a Aureliano dentro do PFL. Oitenta por cento do partido já havia se bandeado e apoiava Collor, aberta ou veladamente.

Lobão historiou os fatos desde a vitória de Aureliano Chaves sobre Marco Maciel nas primárias do PFL, uma imitação canhestra do sistema americano, mal organizadas, mal fiscalizadas, cheias de vícios e contravenções, mas depois a vitória foi aclamada e ganhou foro de legitimidade.

Os dois tinham uma imagem ilibada e uma trajetória vitoriosa, prosseguiu Lobão. Mas havia um diferencial competitivo em favor de Aureliano: o fato de ser originário de Minas Gerais, um estado poderoso, com um eleitorado enorme, incrustado no Sudeste, e por isso mesmo articulado com o grande eixo do poder político, econômico e psicossocial do país. Cereja do bolo: era compadre de Roberto Marinho, que vinha a ser padrinho de casamento de sua filha.

Esperava-se uma adesão maciça do estado ao filho da terra e, com isso, um efeito contágio sobre a região. No Nordeste, o partido era muito bem estruturado, e a partir desses elementos seria fácil chegar aos demais estados e situar-se entre os primeiros no plano nacional.

Infelizmente, nada disso estava acontecendo. Em vários meses de campanha, Aureliano nunca tinha chegado a 2% nas intenções de voto; em Minas, ele patinava em torno de 0,9% na última pesquisa. Zero vírgula nove por cento! Uma situação que ninguém conseguia entender, mesmo engolindo-se por verdadeira a frase, então em voga, atribuída a Otto Lara Resende: "Mineiro só é solidário no câncer".

Ter 0,9% no estado natal, a menos de um mês da eleição, era deveras chocante. Roberto Marinho também não foi em seu socorro. Ao contrário, apoiava escancaradamente Collor, com toda a sua portentosa máquina de comunicação. Alguma coisa tinha de ser feita, até mesmo para poupar o dr. Aureliano de um vexame. Precisávamos de um plano B. A fusão com outra candidatura ou, quem sabe, a substituição. Em caso de fusão, os nomes preferidos eram os de Covas e de dr. Ulysses. Mas os dois também se encontravam em situação de penúria. Covas, melhorzinho. Dr. Ulysses com 1,5%, abaixo de Marronzinho[2].

Seria como trocar seis por meia dúzia. A ideia da substituição, por outro lado, era interessante, mas, na minha opinião, impraticável, pois não havia naquele momento ninguém com densidade eleitoral suficiente e disposição para ser candidato.

Foi quando Lobão observou, coçando o queixo: "Ouvi em conversas por aí que Silvio Santos poderia ser um bom candidato, e a substituição seria bem natural, porque ele é filiado ao partido".

Fiquei surpreso e impressionado com a acuidade com que Lobão tinha enxergado aquela agulha no palheiro. "Por aí" era uma expressão vaga demais para mim.

Eu não sabia a que coordenadas geográficas correspondia aquela locução adverbial – por aí –, mas estava excitado demais para me perder em digressões. Precisava focar. Aquilo era o ovo de Colombo.

– Mas será que ele aceita? – perguntei.

– Precisamos consultá-lo imediatamente – disse Lobão, resoluto.

– Mas não podemos fazer isso sem a anuência do dr. Aureliano – ponderou Hugo.

Estava coberto de razão. Qualquer precipitação seria temerária do ponto de vista ético e inócua em termos políticos. Precisávamos ter uma conversa com o dr. Aureliano. Conversa irrecorrivelmente difícil e, no mínimo, imprevisível. Dr. Aureliano tinha um temperamento forte, sujeito a explosões. Mas com um pouco de sorte se poderia chegar a bom termo. Era possível também que o próprio Aureliano se sentisse desconfortável e,

---

2 Marronzinho era candidato à presidência pelo extinto PSP. (N. do E.)

como aventaria depois o jornalista Ricardo Noblat em sua coluna "Coisas da Política", interessado em dar uma resposta enérgica aos seus próprios companheiros de partido que haviam desertado dele. Além do mais, tudo era muito lógico e sensato. A candidatura Silvio Santos se encaixava ao contexto como a mão na luva. Ou melhor, como um teorema; uma proposição matemática que se podia provar e à qual Aureliano, como engenheiro, estava bem afeito.

Uma pergunta, porém, não queria calar: quem efetivamente iria abordar o dr. Aureliano? Ou, por outra, quem iria amarrar o guizo no pescoço do gato? Os dois olharam para mim, indicativamente.

– Você, que é o líder da bancada e ultimamente tem estado mais próximo dele.

Não eram razões muito fortes, mas não adiantava discutir. Era preciso agir. Aquele seria um dos momentos mais difíceis da minha vida pública. Eu sabia das minhas virtudes e limitações. Em matéria de retórica, eu estava na contramão de todo o mundo. Era um orador razoável quando em público, mas sofrível no diálogo. Ou seja, minha capacidade de persuasão era diretamente proporcional ao tamanho da audiência. Por isso, ensaiei minha fala várias vezes. Aureliano Chaves tinha um cacoete, um gesto ou tique especial: quando em dúvida, agitava o indicador da mão direita à frente do rosto. Quando tinha certeza ou chegava a uma conclusão, tocava com o dedo a ponta do nariz, voltava-o para o interlocutor e exclamava:

– Por via de consequência!

Corria o mito de que, quando ele falava "por via de consequência", saíssem da frente, porque não havia mais retorno possível. Sua palavra era uma flecha disparada. Ou, como se dizia na Paraíba, se a partir dali ele dissesse que o jumento morreu, já se podia queimar a cangalha.

A conversa foi marcada para as 20 horas daquele mesmo dia. Após as amenidades iniciais de praxe, ele olhava para nós – eu, Hugo Napoleão, Edison Lobão e João Alves Filho (ministro da Integração

Nacional) – interrogativamente, como se perguntasse a que devia a honra. Aprumei o nó da gravata e comecei:

– Dr. Aureliano, o senhor é um dos homens mais ilustres e respeitados deste país. E também dos mais sérios. Paradoxalmente, é por isso que não avança nas pesquisas. Não se sabe o que esse jejum de 29 anos sem eleições diretas para presidente produziu na alma deste país, mas o fato é que o atual processo político afunilou em torno de propostas populistas. Realisticamente falando, a eleição está polarizada entre dois populismos: um da direita, representado pelo senhor Collor de Mello, e um da esquerda, representado por Lula da Silva, e não há mais espaço para ninguém. Veja-se o caso de Ulysses Guimarães: um herói dos tempos modernos; o Senhor Diretas; o emblema da Constituinte; o homem que enfrentou o arbítrio e os arreganhos da força e conduziu o país por uma vereda de salvação nos tempos ominosos da ditadura, com riscos para sua integridade física e para sua saúde, vê-se agora nessa situação humilhante e verdadeiramente melancólica, nivelado em números a Enéas, Pedreira e Marronzinho. Quem poderia explicar um disparate desses? Era para se descrer da democracia? Um surto de crueldade mental ou de ingratidão teria acometido a nação?

De alguma forma aquilo lembraria Churchill, que, após salvar a Inglaterra e o mundo dos horrores do nazismo, foi derrotado na primeira eleição que disputou em Manchester, seu distrito.

Servia a comparação, mas não resolvia o meu desconsolo e o meu desconforto – que era, de igual modo, o desconforto de um bom número de pessoas sensatas, bem-intencionadas e dotadas de espírito público que ainda conseguiam raciocinar e se preocupavam com o andar da carruagem.

– Tudo isso procede, meu caro – disse Aureliano –, mas o que fazer? Andei conversando com Antônio Ermírio...

Não gostei do "meu caro", mas segui em frente:

– Vamos lutar com as mesmas armas. Se o que restou desta campanha é uma disputa entre um populismo de direita e um populismo de esquerda, vamos criar um populismo de centro. Se o que subsiste nesta eleição é uma batalha campal na seara dos populismos, vamos criar o nosso próprio populismo. Vamos usar o princípio homeopático: *similia similibus curantur* – o semelhante se cura pelo semelhante.

– Andei conversando com Antônio Ermírio ultimamente. E vejo também o Covas como boa opção. Eu me disponho a renunciar em favor de qualquer um deles, desde que Ulysses e Affonso Camargo também o façam – disse Aureliano.

– Dr. Aureliano, nós estamos a um mês da eleição e não podemos nos perder em contemporizações. Não há nada que nos garanta a renúncia de Ulysses e Affonso Camargo. Covas e Ermírio, por outro lado, são nomes excepcionais, mas não alteram em nada a natureza do problema, porque também têm índices insignificantes de intenção de votos. Se nós vamos fazer alguma coisa, tem de ser alguma coisa contundente. Não faz sentido substituir o seu nome em vão. Se vamos fazer alguma coisa, tem de ser algo fulminante e definitivo. Temos de lançar uma candidatura que seja como uma bomba de napalm no arrozal da rapaziada. Alguém que tenha uma popularidade além da imaginação e que faça o processo político virar de ponta-cabeça da noite para o dia. Para mudar o curso da história e fazer este país escapar do fatalismo a que está sendo jungido.

– E existe alguém com esse perfil no Brasil?

– Só vejo um nome com essas características em todo o país, por sinal, filiado ao PFL. É o Silvio Santos, do SBT.

Os olhos de Aureliano brilharam e sua atenção redobrou.

– E ele aceita? – perguntou.

– Temos de consultá-lo. Mas só poderíamos fazer isso com o seu consentimento. O senhor é o titular da candidatura, e nós não avançaremos um milímetro sem a sua autorização.

– Claro, claro, sem dúvida. O Silvio é um nome excepcional e atende a todos os objetivos. Sou um admirador dele; além do mais, precisamos dar algumas respostas a quem pensou que estávamos mortos. Por via de consequência...

Respirei aliviado. Mais do que uma frase, aquela sequência de palavras era uma espécie de abracadabra.

– Por via de consequência... vocês podem procurar o Silvio amanhã mesmo e, se ele aceitar, eu quero ter uma conversa com ele.

Não considerava ainda batido o martelo, mas o essencial das tarefas se havia cumprido. Embora o sentíssemos fortemente inclinado, ou praticamente decidido, achávamos que precisava de algum tempo para amadurecer as ideias, e aquele interregno seria interessante para sedimentar e reforçar as suas convicções.

No dia seguinte bem cedo, Hugo e Lobão foram a São Paulo e tiveram com Silvio uma conversa rápida e objetiva. Ele aceitava a candidatura e iria a Brasília para conversar com Aureliano, na hora e no local que estipulássemos.

Marcamos para o dia 18 de outubro (a 27 dias, portanto, da eleição), às 16 horas, na residência do ministro João Alves, na QI 5 do Lago Sul.

Algumas precauções deveriam ser tomadas para evitar qualquer margem de erro. E acertamos que deveríamos chegar mais cedo para, se necessário, ajudar na condução da conversa. Os dois não se conheciam e as matérias a serem tratadas eram muito delicadas.

Não foi possível chegar mais cedo, inclusive para o dono da casa. Chegamos em cima da hora e ainda assim estávamos atrasados. Os dois, Aureliano e Silvio, é que tinham chegado mais cedo e, à nossa entrada, já estavam em uma conversa descontraída e bem amistosa. Aparentemente já tinham resolvido tudo, e nós cuidaríamos apenas dos detalhes formais para operacionalizar a transição.

Aureliano nos disse que já tinha dado ciência a Silvio de sua decisão de não prosseguir com a candidatura, propondo ser por ele substituído, e que Silvio havia aceitado de imediato, sem maiores questionamentos. Aureliano iria a Minas, então, para comunicar à família.

– Comunicar. Não consultar – enfatizou.

Voltou-se para Hugo Napoleão, com um ar que nos pareceu feliz e determinado, como quem estivesse dando a volta por cima de uma série de dissabores e decepções.

– Vou preparar a carta-renúncia e encaminhá-la para você no domingo, para que faça os assentamentos devidos e tome as providências legais para a formalização desse ato.

A sorte estava lançada. Agora era conosco. Após a saída de Aureliano, porém, um primeiro curto-circuito aconteceu.

Organizamos um *brainstorm* com o novo candidato ali mesmo, para discutir os próximos passos, o andamento e sobretudo a linguagem da campanha. Silvio fazia questão de se apresentar como neófito na política e queria minúcias de tudo.

Em um dado momento, ele perguntou sobre a relação com os outros candidatos e com a imprensa. Se haveria ataques pessoais, agressões verbais e coisas do gênero.

– Provavelmente, sim – respondemos. – É comum baixar o nível no fragor da luta, principalmente contra aqueles candidatos com maior peso específico, ou seja, com maior potencial de vitória eleitoral. Geralmente, quem vai ganhar não dá muita importância.

– Mas esses ataques serão apenas pessoais – ele insistiu – ou poderão alcançar outras pessoas? A nossa família, por exemplo?

Foi quando o senador Divaldo Suruagy abusou da sinceridade:

– Olha, Silvio, vou ser franco com você: o jogo é bruto, é um vale-tudo. Pode haver de tudo: calúnia, injúria, difamação, o que você imaginar. Mentira de toda natureza. E pode ultrapassar a nossa pessoa, sim, principalmente quando não nos derrubam; tentam nos fragilizar, atingindo a nossa família. Eu mesmo já fui vítima desses expedientes...

E Divaldo prosseguiu, narrando alguns casos de sua experiência pessoal.

Silvio ouviu tudo com atenção e tensão crescentes, até que explodiu:

– Ah, bom. Se é assim, então não sou mais candidato. Estou preparado para tudo. Enfrentaria todo tipo de agressão pessoal, sem problema. Digam o que disserem de mim; façam o que fizerem contra mim, eu me defenderia, como sempre me defendi. Suportaria até a tortura física, mas não suportaria ver a minha família envolvida, por mais leve ou distante que fosse a provocação. Não aceito que a minha família fique exposta ao veneno de alguns malucos, nem por um minuto e a qualquer pretexto – mesmo para ser presidente da República. Vocês, por favor, telefonem para o doutor Aureliano e digam que eu estou devolvendo a candidatura, com todo o respeito e reconhecimento pelo seu gesto.

Procuramos acalmá-lo como podíamos. Não era bem assim. Divaldo havia exagerado. Sua intenção era boa, mas aqueles eram casos isolados. Nós mesmos, cada um de nós, em vários anos de vida pública e várias campanhas enfrentadas, não tínhamos passado por aquelas experiências. O povo brasileiro também não aceita o ataque à família; é um ato covarde, é contra os nossos valores, e o agressor teria que medir as palavras. Poderia ser gol contra, um tiro no pé. São muitas variáveis que estão fora do controle do caluniador. A propensão a difamar depende do contexto, do ambiente, da amplitude e da receptividade do público. Quem difama busca resultados e procura avaliar se vale a pena.

Ao final, ele parecia refeito e mais tranquilo, embora nem tanto convencido. De qualquer forma, iria a São Paulo a fim de discutir o assunto com a esposa e nos daria uma posição ainda naquela noite.

Ainda estávamos atônitos quando o sol desmaiou para os lados do Núcleo Bandeirante. Com que vigor ele defendia sua família! Aquele Silvio brincalhão, descontraído, efusivo e alegre virava uma fera, um leão quando se tratava de proteger a sua prole. O que era mais um aspecto positivo da sua personalidade e que casava bem com a percepção do povo brasileiro sobre a família, como sendo o colegiado mais importante, mais influente e mais compensador na vida de um homem. Aliás, o povo já sabia do amor que Silvio devotava à família. O que não sabia, talvez, era daquele instinto de gladiador na hora de demarcar espaços.

Outros companheiros foram chegando e se incorporando ao grupo. Às 9 horas da noite chegou o deputado pernambucano Ricardo Fiúza, informando que já circulavam rumores sobre a nossa reunião, o que elevava em alguns graus o nível das nossas preocupações.

Por volta das 10 horas, o telefone tocou. Era Silvio Santos, de São Paulo. Colocamos no viva-voz:

– Eu e a Íris estivemos discutindo o assunto por todos os ângulos. Ela está muito firme e me encorajou muito. Divide comigo quaisquer ônus da decisão e até me escreveu uma carta que estou pensando em ler no domingo no meu programa. O que eu quero dizer a vocês é que todas as dúvidas estão superadas e que, definitivamente, sou candidato a presidente da República. O senador Hugo Napoleão pode preparar tudo, vamos fazer uma grande solenidade, que será a arrancada definitiva para a vitória.

Palmas, exultação, abraços e a leda inconsciência do que estava por vir. Naquela mesma noite, Antônio Carlos Magalhães já sabia detalhe por detalhe de todas as nossas iniciativas.

A contraofensiva de ACM foi como um ataque de cavalaria ligeira: rápida, desconcertante e impiedosa, como costumavam ser as suas manobras. Aquelas manobras que desde os tempos de estudante ele vinha aperfeiçoando e levou ao estado da arte, combinando *virtù e forza,* no melhor sentido maquiavélico, e que lhe valeram o epíteto de Toninho Malvadeza.

Ainda naquela noite ele acionou Roberto Marinho, e no dia seguinte os dois montaram uma força-tarefa extremamente operacional, para pressionar Aureliano e, eventualmente, sensibilizar a família.

O resultado foi impressionante. Em poucas horas o serviço estava feito: não haveria mais renúncia.

Não se sabe que tipo de argumentação a dupla e seus consectários usaram, mas deve ter sido algo muito forte, para fazer Aureliano recuar da sua palavra, abdicar da lógica e fazer precisamente o inverso de tudo quanto no fundo da alma queria fazer.

Senão, vejamos: Aureliano era mais radical do que nós na análise dos fatos. Achava a candidatura de Collor um desastre para o país – mas, permanecendo candidato, ele consolidava a eleição de Collor. Segundo, Aureliano estava magoado com Roberto Marinho. Mas, mantendo-se candidato, estaria servindo aos desígnios de Roberto Marinho e levando água para seu moinho. E, finalmente, Antônio Carlos Magalhães era um dos principais líderes da facção do PFL que passara a apoiar Collor e deixara Aureliano pendurado no pincel. Desconsiderando a renúncia, Aureliano fortalecia ainda mais ACM e, na outra ponta, deixava os seus amigos da primeira hora, os seus amigos mais fiéis – aqueles que o haviam acompanhado em todas as vicissitudes da campanha –, em situação extremamente delicada.

Nos dias seguintes, esperamos em vão por uma comunicação do dr. Aureliano. Ultrapassada a data aprazada para a entrega da carta-renúncia, Hugo conseguiu, enfim, localizá-lo. Parecia com pressa e irritado. Hugo falou para ele que precisava organizar os trâmites para a homologação da sua renúncia.

– Renúncia? Que renúncia? Não tem renúncia nenhuma – respondeu ele, já elevando a voz.

– A renúncia que ficou acordada na última reunião que tivemos na casa do ministro João Alves, com a presença do grupo e a participação de Silvio Santos. Estou aguardando a carta que o senhor ficou de me enviar.

– Carta? Que carta? Não somos namorados. Não lhe devo correspondência nenhuma. E mais, quero lhe avisar que sou candidato em qualquer circunstância. Se meu pai se levantasse do túmulo e me pedisse para desistir, eu não desistiria.

Não poderia ser mais explícito. Mas não conseguimos ter raiva. Por mais esforço que ele fizesse para parecer indignado, aquilo nos soava mais como um ato de contrição. A partir dali, manteve-se efetivamente no horário eleitoral gratuito do TSE, mas, fisicamente, internou-se em Minas Gerais, numa espécie de exílio autoinfligido, fazendo visitas a pequenas comunidades e contatos esporádicos com a bancada mineira, que ainda tentou inutilmente demovê-lo da persistência, daquela obstinação desarrazoada.

Aquele episódio foi para nós um tremendo choque de realidade. Só então nos demos conta da dimensão dos nossos problemas, isto é, do volume de forças que teríamos de enfrentar, forças que se encontravam, aparentemente, em estado de latência, mas que, ao primeiro sinal de mudança, mostravam as garras, sem pudor e sem reserva.

Ficava claro que essas forças – que também haviam sido surpreendidas com as nossas iniciativas – iriam recrudescer em atenção e vigilância e tentariam esmagar qualquer movimento fora do *script*, qualquer esforço que pudesse impedir ou atrapalhar a entronização do ungido Fernando Collor.

Nós nos reunimos para uma nova avaliação do quadro e concluímos que havíamos queimado as caravelas. Que não havia retorno possível. Que agora teríamos de avançar para além das fronteiras do PFL, que estavam fechadas. Que teríamos de conseguir uma legenda alternativa para filiar Silvio Santos.

Silvio também não se deixou abater. Ao contrário, mostrava-se muito firme; em seu programa de domingo, anunciou que levaria a sua candidatura às últimas consequências e, no que dependesse dele, não deixaria que o povo se frustrasse.

Uma regra, porém, tinha de ser estabelecida: agiríamos com toda a prudência, no mais absoluto silêncio, numa semiclandestinidade. Afinal, o universo de legendas disponíveis era restrito e seria fácil para os adversários desenhar todas as soluções possíveis e se antecipar no bloqueio ou inviabilizar qualquer aliança firmada. Fingiríamos haver desistido; seria mais eficaz do que tentar despistar – embora esta última tática pudesse também ser considerada ocasionalmente.

Evitaríamos tanto quanto possível o uso de telefones, que sabíamos estarem grampeados. Em caso de necessidade, usaríamos códigos, linguagem cifrada, apelidos e outras arapongagens que criamos para o nosso uso. Distribuímos codinomes a granel. Não tinham nenhum efeito prático nem enganariam terceiros, mas serviam para nos lembrarmos de que estávamos sendo vigiados.

Alguns codinomes eram óbvios demais. Lobão era o Big Wolf; ACM, o Orixá; Sarney, o Bigode. Alguns vinham de uma conotação semântica: Silvio Santos era o Moinho, por causa do Moinho Santista. Ou meramente morfológica: Francisco Benjamim, o bom baiano, era o "Frangelico", porque a sua compleição lembrava realmente a de um frade e, de uma forma especial, aquele frade da garrafa do licor famoso.

Outros formavam uma miscelânea, sem maiores explicações – Hugo Napoleão era o 43; Gadelha, o Jacaré; Roberto Marinho, o Baía (talvez por causa da Guanabara ou para confundir com ACM). Mas o Pedreira, candidato a presidente e dono de uma legenda[3], tinha um codinome invejado. Ele era o Graúna, porque a sua vasta cabeleira negra lembrava a asa do pássaro imortalizado por José de Alencar em *Iracema*.

Evitaríamos a imprensa a qualquer custo. Os quatro grandes jornais do Rio e de São Paulo pareciam mancomunados em dar suporte intelectual e midiático àquela caçada.

As providências deram certo resultado. Durante alguns dias, pouco se falou de nós – pelo menos no que diz respeito a fatos concretos. Especulações eram muitas – e de certa forma nos ajudavam, porque confundiam os demais participantes do jogo em cena.

Assim, tivemos certa liberdade de atuação, mas o primeiro contato importante foi realizado pelo próprio Silvio Santos,

---

3 Antonio Pedreira, então candidato pelo Partido do Povo Brasileiro (PPB). (N. do E.)

na segunda-feira, dia 23 de outubro, em sua própria casa, no Morumbi, com o empresário Afif Domingos, candidato do PL à presidência.

A conversa resultou infrutífera, porque Afif queria ser o cabeça de chapa, mas foi um fato valorizado por nós, porque as portas não se haviam fechado. Afif era um candidato qualificado, centrado, e era o vice dos sonhos de Silvio Santos. Quem sabe se num segundo momento ele viesse a aceitar? À saída de Afif, Maluf, candidato do PDS, chegou à casa de Silvio, em princípio para especular sobre as chances do apresentador.

Paralelamente, os pequenos partidos faziam a festa e se esmeravam numa algazarra como tico-tico no fubá. Faziam ofertas e estripulias de toda natureza, fosse apenas para aparecer, fosse para tentar algum negócio. Eles eram o alvo de todas as atenções e concentravam as preocupações e interesses nacionais. Todos sabiam que dali, daquela sopa de letrinhas, sairia ou não a candidatura que mudaria tudo, desmontando todas as previsões.

Em particular, pediam dinheiro – milhões de dólares – em troca da legenda. Em público, eles abjuravam qualquer afeição pelo vil metal e teciam loas a Silvio Santos e à sua capacidade administrativa. Silvio não se deixava iludir e alertava publicamente, sem citar nomes: "Eles fazem isso para depois alguém chegar e pagar para que eu não seja lançado".

A confusão nos ajudava. Distraía a vigilância, como a outra mão do mágico distrai o público, enquanto nós processávamos o essencial. Assim, comemoramos quando Chico Benjamim chegou com a informação:

– Orixá chamou Graúna a Salvador.

E quando Zamir Teixeira, candidato do Partido Comunitário Nacional (PCN), anunciou no dia 29 em um comício em Campo Mourão, no interior do Paraná, que Silvio Santos já era o candidato do seu partido, e que ele, Zamir, renunciaria à sua candidatura para que se cumprisse o desejo do povo, a vibração da massa foi estrepitosa. E naquela mesma noite o seu programa no horário eleitoral gratuito já apresentava material produzido por sua equipe, dando Silvio Santos como candidato do PCN. Silvio não gostou, mas para nós era instrumental, porque àquela altura já havíamos encontrado o que parecia ser uma solução e precisávamos só um pouco mais de tempo, que aqueles factoides nos ajudavam a ganhar.

Lobão havia iniciado conversas com o Partido Municipalista Brasileiro (PMB) por intermédio do diretório paranaense, presidido pelo deputado estadual José Felinto. Daí evoluiu para uma articulação mais ampla, já envolvendo o presidente da Executiva Nacional, Armando Corrêa, e havia marcado encontro no apartamento 537 da Academia de Tênis, que Lobão utilizava provisoriamente, porque o seu, atribuído pelo Senado, estava em reforma.

Fizemos as avaliações. O PMB era um partido formado quase que só de evangélicos. Teria cerca de 600 mil filiados – praticamente o mesmo tamanho do PFL – e já havia disputado várias eleições. Fizemos um levantamento minucioso da vida pregressa de Armando Corrêa. Nada, em absoluto, que desabonasse a sua conduta, na vida pública ou privada.

Tudo pesado e medido, não restou dúvida de que aquele era o caminho certo. E assim chegamos a um consenso; nos dirigimos à Academia de Tênis para aguardar Silvio e Armando, a fim de homologarmos o entendimento e iniciar os trâmites para o registro da candidatura.

Curiosamente, as dificuldades a partir daí passaram a ser por causa do próprio PMB. Dificuldades, no caso, é um eufemismo. Na verdade, nos defrontamos com uma resistência descomunal, erguida instantaneamente por alguns próceres de peso, como o senador Ney Maranhão, de Pernambuco, membro da Comissão Executiva Nacional e líder no Senado, além do deputado paraense Agostinho Linhares, candidato a vice-presidente na chapa de Armando Corrêa.

Ney Maranhão, imortalizado por seu terno branco e alpercatas de rabicho, apoiava a candidatura Collor, ostensiva e apaixonadamente, e, apesar disso – ou por isso mesmo –, se achava com o direito de vetar a renúncia de Armando ou impedi-la de qualquer forma, com argumentos ora melífluos, ora bem grosseiros. Em um primeiro momento, teria oferecido vultosa quantia em dinheiro vivo para que Armando "desrenunciasse", o que foi prontamente recusado, conforme me contou depois o deputado José Felinto. Em seguida, chegou a ameaçá-lo em sua integridade física, por telefone, também sem resultado, segundo testemunho de Francisco Silva, proprietário da Rádio Melodia do Rio de Janeiro.

Já Agostinho Linhares contestava a indicação do meu nome como companheiro de chapa de Silvio Santos. Argumentava, com razão, que havia sido escolhido em convenção como vice de Armando e não via motivo para ser substituído.

As ameaças de Ney Maranhão não foram levadas em consideração, mas o caso Agostinho Linhares era mais delicado. Fizemos observar que a indicação do meu nome não significava nenhuma objeção a sua pessoa. Que, além de ser uma solução do agrado de Silvio Santos, era um aceno ao PFL e a outras legendas e tinha o aval de segmentos importantes do próprio PMB, como as seções do Paraná, da Bahia, entre outras.

Conseguimos do próprio Silvio o compromisso de ir ao Pará justificar a mudança perante as bases de Agostinho Linhares, e este viu o gesto com satisfação, dirimindo-se pouco a pouco o impasse.

Esses e outros problemas, estimulados ou inflados pela imprensa, foram administrados com razoável habilidade, mas prejudicaram as ações conduzidas pelo nosso advogado Paulo Goyaz para a formalização da candidatura e atrasaram, em pelo menos três dias, o pedido de registro, que só aconteceu no dia 4 de novembro – a onze dias, portanto, da eleição. Tudo isso em detrimento da estratégia maior, porque dava mais tempo aos adversários para organizarem o ataque ao Judiciário.

Meu amor:

Mantenha sempre no mesmo nível sua coragem para o bem. Não falamos da coragem da palavra, que é fácil. Contar vantagem todos contam. Mas a coragem da luta, que tem valor porque daí surgirá a vitória final. Seja constante e persistente. Caminhe reto, para a frente e para o alto, e mantenha firme sua coragem na ação de cada dia, em busca do ideal. Se Deus está querendo nos dar essa lição, não vamos nos acovardar. Vamos nos entregar em suas mãos, pois até agora Ele tem sido muito bom e não há razão alguma para termos medo. Pois, tenho certeza, estamos agindo com a melhor das intenções. E se é isso que Ele realmente quer, não vamos decepcioná-los, né? Não sinta medo. O medo irradia forças negativas, que atraem críticas, se você não teme, paralisa a crítica dos outros, que se sentem tolhidos e dominados pela sua força mental positiva. Vá em frente. Você é capaz, inteligente, e com todas as qualidades e requisitos para ser o que quiser ser na vida. Se a resposta, hoje, for a favor da sua candidatura, não tema, pois terá Deus a seu lado para realizar a sua missão. Força e coragem, isso mesmo. Caminhe com fé, coragem e boas intenções, e nada de mau pode lhe acontecer. Coragem! Coragem! Coragem!

Estarei sempre ao seu lado torcendo por você. Te amo muito e quero que sejas feliz. Muito amor e muita força.

Ah, mais uma coisa. Estou orgulhosa pela sua decisão. E sentindo uma paz enorme dentro de mim. Pois agora tenho a certeza, vamos ter a confirmação de que nossa atitude foi acertada.

Se tiver de ser, será. E se não tiver, ficamos com a certeza de que não foi por covardia nossa. E sim pela vontade de Deus. Qualquer que seja a sua decisão, nos sentiremos felizes, tranquilos e em paz, pois tomamos a atitude mais acertada e corajosa.

Daqui pra frente você irá se sentir mais tranquilo, pois sabe que não fugiu nem se acovardou.

Com todo o meu orgulho e carinho,

Íris

Carta de Íris Abravanel para Silvio Santos

3 O teatro de operações

Oitenta e dois milhões de eleitores[4] que compunham o universo votante eram cortejados por 22 cavalheiros, todos eles com chapéu na mão.

À falta de algum critério mais objetivo de homogeneidade, nós agrupávamos os candidatos por blocos de competitividade. Havia o pelotão de cima, onde estavam Silvio Santos, Collor, Lula e Brizola – bem distanciados dos demais em termos de intenção de voto. Em seguida vinha o bloco dos "notáveis, mas desprovidos" (com largo *recall* histórico, mas poucos votos), que incluía Ulysses, Covas, Aureliano, Maluf, Affonso Camargo, Caiado, Roberto Freire, Afif Domingos e Fernando Gabeira. E, por fim, havia a turma da fuzarca, ou da pipoca, como preferia chamar Francisco Benjamim, em alusão ao carnaval

---

4 Desse contingente, 75% dos eleitores ganhavam menos de dois salários mínimos; 50% não haviam terminado o primeiro grau; 20% não sabiam sequer o nome do presidente da República em exercício e 90% não eram sindicalizados. O mapa eleitoral refletia, assim, a urgência de ações no campo social. Fonte: revista *Veja*, ed. 1.103. (N. do A.)

baiano. Era, literalmente, um grupo de *outsiders,* sem antecedentes políticos e sem perspectivas políticas, que pululavam na mídia e nos espaços públicos por diletantismo, por exibicionismo ou para enfeitar o currículo. Aí se situavam Pedreira, Enéas, Zamir, PG (assim mesmo, PG, as iniciais de Paulo Gontijo), Eudes Mattar, Marronzinho, Manoel Horta, Celso Brant e Lívia Maria – a única mulher do grupo.

Era difícil ser original nessa profusão de propostas. Mas, como a necessidade é a mãe da invenção, encontraram-se soluções. Para o bem de todos e felicidade geral da nação, reinventou-se o marketing político, havia muito tempo adormecido, e aperfeiçoaram-se as artes de seduzir as massas. Fosse pelo estilo, conteúdo, linguagem, *slogan, jingle* ou apelo visual, os candidatos, cada um a seu modo, buscavam alguma forma diferente de sensibilizar corações e mentes, sem desprezar nenhum dos meios de comunicação, mas atentos sobretudo à força da televisão e ao tempo de exposição.

A lei eleitoral disponibilizava duas horas e vinte minutos gratuitos, em dois blocos, para todos os candidatos[5], mas o acesso era desigual e levava em conta a estrutura partidária. Curiosamente, Ulysses e Aureliano – que, somados, ocupavam mais da metade desse tempo – colhiam resultados cada vez mais decepcionantes. Ulysses, sozinho, tinha 22 minutos e nunca passou dos 5%. Seu *jingle* era de eficácia duvidosa: "Bote fé no velhinho, o velhinho é demais / Bote fé no velhinho, que ele sabe o que faz / Vai limpar o país do Oiapoque ao Chuí e acabar com a molecagem que tem por aí".

Collor dispunha de dez minutos. Cultuava a imagem do líder enérgico, quase truculento, empenhado numa caça indormida aos marajás e na exposição dos contrastes entre a qualidade de vida desses nababos e a do seu sofrido público, a que chamava de "descamisados"

---

5 O tempo total era dividido proporcionalmente entre os candidatos com base no total de deputados ou senadores eleitos. Os partidos sem representação no Congresso ficavam com escassos 15 segundos em cada bloco. (N. do E.)

– termo evidentemente emprestado da retórica peronista da Argentina dos anos 1950.

Mais por iniciativa própria e menos por sugestão do seu marqueteiro, Chico Santa Rita, Collor consumiu os últimos dias do primeiro turno em bravatas, cada vez mais intensas e despudoradas, contra o presidente Sarney, em linguagem sistematicamente rasteira.

Lula, ainda um tanto sindicalista, propunha um socialismo moreno, à brasileira, digamos assim, e tinha a nítida preferência de artistas e intelectuais de esquerda, cuja empolgação usava exaustivamente. Apresentou o *jingle* mais bem-sucedido da campanha ("Lula lá, brilha uma estrela..."), feito sob medida por Hilton Acioly, por encomenda do coordenador Paulo de Tarso Santos.

Brizola também explorou as sonoridades da sílaba "lá", começando por ela o seu fraseado: "Lá, lá, lá, lá, Brizola", para concluir que "o voto em Brizola só pode nos trazer um tempo bem melhor pra se viver". Postulava o voto útil para ser o representante da esquerda no segundo turno, mas isso não impedia que fosse formatado como o estadista de que o país carecia.

Já Maluf parecia não estar gostando de ver a campanha evoluir para uma sinfonia em "lá" e soltou o seu *jingle*: "Sem lá, lá, lá / sem lero-lero / é Maluf que eu quero".

Para a maioria dos candidatos, o desafio era encontrar, na massa votante, um nicho mercadológico no qual encaixar o seu perfil; ou, ao contrário, criar um perfil e buscar um nicho no qual situá-lo. *Positioning* era a palavra da moda. Assim, Mario Covas se apresentava como uma espécie de conciliador nacional, que não era contra ninguém e se dispunha a conduzir um projeto nacional com o concurso de todos. Afif seria "o empresário do bem", preocupado com a distribuição da renda social do país. Seu programa, que começava com dois patinhos na lagoa representando o seu número, 22, focava em seguida em mãos que se davam, ou se enlaçavam, ou se sobrepunham, para depois concluir com o dedo em riste para o telespectador que "juntos chegaremos lá".

Maluf buscava ser "o senhor competência" e se louvava pelos bons resultados, supostamente obtidos quando governador de São Paulo. Affonso Camargo era "o homem do tíquete-alimentação" e mostrava sua preocupação com as vicissitudes dos trabalhadores. Ronaldo Caiado (PSD), montado em um cavalo branco, apresentava-se como "líder ruralista", acenando para os proprietários de terra, grandes ou pequenos, assustados com os avanços da esquerda e a iminência da reforma agrária.

Armando Corrêa, ao tempo em que foi candidato, procurava se caracterizar como "o homem do imposto único", disposto a desarmar a montanha de taxas e tributos que sufocava o povo brasileiro. Dispunha de 5 minutos diários.

Aureliano Chaves fazia praça da sua probidade; criticava a previdência social e pedia um *feedback* ao povo, para responder à pergunta que julgava crucial: "O que o Brasil precisa para melhorar?". O retorno aparentemente foi pequeno.

Roberto Freire (PCB) sublinhava suas propostas com frases de Aparício Torelly, o Barão de Itararé, *nume* tutelar do Partido Comunista Brasileiro, considerado o pai do humorismo político no Brasil. Também dispunha de 5 minutos diários.

A partir daí as coisas mudavam de figura. À medida que o tempo ia ficando exíguo, as acrobacias midiáticas iam ficando cada vez mais arriscadas, oscilando perigosamente entre o sublime e o ridículo. Quem dispunha de apenas 30 segundos diários, divididos em apenas dois blocos de quinze, sabia que não podia se perder em filosofia ou em explicações minudentes e tinha que apostar em frases de efeito, propostas-relâmpago, encenação chocante ou apenas em algum bordão repetido com estridência.

Lívia Abreu (PN), por exemplo, apresentou seu programa de governo por "notas telegráficas", possivelmente a mais concisa das linguagens à época. A cada dia um problema, como inflação, desemprego, dívida externa, era despachado daquela maneira.

Gabeira (PV) resolveu apelar para a ironia, apresentando sósias de Gandhi, de Tarzan e até de Marilyn Monroe a pedir voto para ele.

Já o candidato Zamir (PCN) propunha a extinção sumária de todos os ministérios, exceto os militares, e a criação de secretarias ligadas à presidência, todas elas dirigidas por mulheres. Eudes Mattar (PLP) falava da instituição do Quarto Poder – um tal Conselho Popular – para "fiscalizar a vida pública e a moral dos governantes".

O candidato PG (Paulo Gontijo), do Partido do Povo, como bom mineiro, dobrava a promessa do seu conterrâneo Juscelino Kubitschek e anunciava um salto de "100 anos em 5" em progresso e desenvolvimento do país.

Menos modesto, Celso Brant (PMN) dizia que um presidente consciente da força do Brasil (seguramente ele) "poderia mudar todo o sistema de poder mundial".

Alguns mais realistas, como Manoel Horta (PCdoB), simplesmente desistiram do programa ou o levaram a um extremo reducionismo – como Alcides Marronzinho (PSP), que limitou todas as suas apresentações à veiculação de uma única frase: "O Brasil só tem solução se eleger o melhor" (ele, evidentemente). Havia ainda o descaso – como o do candidato Antônio Pedreira, do Partido do Povo Brasileiro, que maltratava todo dia a língua portuguesa, com a mais absoluta e contumaz despreocupação, sem o cuidado sequer de retocar os plurais.

Mas o cardiologista Enéas Carneiro, candidato do Prona, resolveu fazer do limão uma limonada: usava a limitação do tempo como reforço à sua indignação, já que se proclamava "contra tudo e contra todos" e por isso seria malvisto pelo sistema. Abria sempre o programa protestando contra alguma coisa; emendava dizendo "não aguento mais" e logo finalizava, aproximando-se da câmera e vociferando a plenos pulmões e com todos os decibéis: "Meu nome é Enéééééaaaas" – assim, arrastando as vogais e deixando subentender que tinha seus minutos expropriados, dado o seu comportamento rebelde.

Foi o mais bem-sucedido entre os chamados nanicos ou, em linguagem politicamente correta, os "cronometricamente prejudicados". Fez escola; foi imitado pelo povo nas ruas e associado à ideia de pressa ou urgência, mesmo em situações correntes fora da política.

No que diz respeito a Silvio Santos, o problema era de outra natureza. Não se tratava de compor uma imagem ou buscar um espaço na cabeça do povo, onde encaixar o seu perfil. Tudo isso já estava pronto havia muitos anos. A questão agora era mais prosaica e, no entanto, muito mais difícil. Tratava-se de fazer o povo saber como votar no seu nome. Explica-se: naquele tempo, votava-se em uma cédula de papel elaborada pelo Tribunal Superior Eleitoral (TSE), com a lista dos candidatos e seus respectivos números. Ao lado de cada nome, um quadrinho onde o eleitor marcava um X assinalando o seu voto.

Ocorre que quando Silvio entrou em campanha as cédulas já estavam prontas, confeccionadas e impressas, e o seu nome não constava da relação. Havia o nome de Armando Corrêa, a quem ele substituiria. Corrêa tinha o número 26. A sua tarefa era mostrar ao povo que votando em Corrêa estaria votando nele, Silvio Santos. Parece simples, mas na verdade era um desafio hercúleo. Faltavam poucos dias para a eleição e, àquela altura, só um percentual ínfimo da população sabia que para votar em Silvio Santos deveria votar em Corrêa-26.

Na prática, só havia um meio de divulgação: o horário eleitoral gratuito do TSE. Estreando no dia 6 de novembro, ele teria apenas uma semana à frente (o programa eleitoral se encerraria no dia 12/11), com dois segmentos diários de dois minutos e meio cada, para deixar o país todo informado sobre os propósitos e os efeitos do voto em Corrêa-26. Era uma corrida inglória contra o relógio. Não havia como aumentar a frequência de suas apresentações. Precisava-se de eficácia na mensagem e na linguagem. Veio, então, a ideia de usar a sua música de auditório, que já estava impregnada no sentimento e no inconsciente coletivo, e, sobre ela, montar uma letra simples, com o conteúdo essencial que se pretendia massificar. Entre uma veiculação e outra do *jingle*, Silvio explicaria com recursos visuais a correspondência entre o número 26 (ou Corrêa) e o seu nome.

Ele se deixou tocar pela sensação de pressa, mas sobretudo pela convicção da funcionalidade do seu "spot" publicitário. Entusiasmado, correu para o estúdio do SBT na Vila Guilherme, em São Paulo, e gravou oito programas em duas horas, sem *teleprompter* e sem maiores tecnicalidades. Ressalte-se, por fim, que aquela duração de duas horas se deveu sobretudo às trocas de roupa sucessivas, à base de um terno por programa.

Apesar da pressa na elaboração, o vídeo comunicava magnificamente bem. Silvio aparecia radiante, ao lado da esposa Íris em algumas tomadas; em meio à multidão em outras; abraçando pessoas; beijando crianças e, por fim, transitando com o candidato a vice. Em seguida, a música alegre tomava conta do ambiente, conduzindo esta letra: "Chegou aquele que a gente queria / para o Brasil governar / agora o povo está contente / já temos em quem votar / é o 26, é o 26 / com Silvio Santos chegou a nossa vez / é o 26, é o 26, com Silvio Santos chegou a nossa vez / Silvio Santos já chegou e é o 26 / Silvio Santos já chegou e é o 26 / Silvio Santos já chegou e o Brasil ganhou".

Para tranquilidade geral, ele nos disse: "O trabalho está feito, o recado está dado, na intensidade necessária e suficiente. Agora é só observar e aguardar o resultado".

Não precisamos esperar muito. No dia seguinte já ouvimos gente cantarolando o refrão: "Silvio Santos já chegou e é o 26!". E recebemos uma enxurrada de telefonemas de toda parte, parabenizando pelo programa e, mais importante que tudo, dando conta de que não haveria equívocos na hora do voto. Não havia o que discutir; apenas constatamos uma vez mais o que o país já estava cansado de saber: quando o assunto era comunicação, Silvio tinha a medida de todas as coisas.

4 Consolidação e contraofensiva. A imprensa engajada

Após aquela reunião na Academia de Tênis, a sensação era bem mais que de alívio. Havia agora a convicção de que tínhamos realizado uma façanha extraordinária, pois, navegando entre Cila e Caríbdis[6], com extrema dificuldade, enfrentando escolhos e sargaços de toda natureza, tínhamos chegado a bom porto antes do previsto.

Tecnicamente, o jogo estava empatado – eles haviam nos usurpado a legenda do PFL, mas nós conseguimos outra legenda limpa, necessária e suficiente para a execução do nosso projeto.

Aquela foi, sem dúvida, uma vitória de dimensões incomensuráveis. Nada obstante, lambíamos a cria de um modo ainda recatado e muito prudente.

---

6 Monstros marinhos na mitologia grega. A expressão corresponde a "estar entre a cruz e a espada", ou seja, representa a sensação de estar em um dilema, enfrentando grande dificuldade. (N. do E.)

Quando, porém, a notícia se espalhou e os fatos finalmente começaram a se desprender das amarras, comedimentos e contrafações que nós mesmos havíamos imposto, o impacto sobre o meio político e a opinião pública nos deixou extasiados.

Ainda na casa do dr. Manoel Gonçalves, os primeiros simpatizantes começaram a chegar e já com notícias alvissareiras de todo o país. Telefonemas pressurosos eram referidos e falavam da repercussão nos mais recônditos municípios; das manchetes esbravejadas nas emissoras de rádio, de apoio ou de simples indagação sobre a consistência das informações.

Formamos um grupo razoavelmente caudaloso e nos dirigimos ao Senado, para o ato público de filiação ao PMB. Lá o tumulto já havia se estabelecido. Jornalistas de todos os meios de comunicação disputavam espaço próximo à mesinha improvisada como relicário da história e se empurravam, gritavam, gesticulavam, formulando mil perguntas simultaneamente. Tudo em meio a uma parafernália eletrônica de câmeras, gravadores, holofotes, luminárias e uma macarronada de fios elétricos desenrolando-se pelo chão, enroscando-se nas pernas de políticos, funcionários, curiosos, no mais completo charivari.

No dia seguinte, a candidatura de Silvio Santos já era de longe o fato mais importante de todo o cenário político nacional – aplaudida, criticada, apreciada, vasculhada, escrutinizada, era objeto de toda sorte de especulações, análises e projeções e tornou-se indiscutivelmente o *talk of the town*, o assunto oficial de todas as rodas, desde os centros acadêmicos mais refinados até os botequins do Leblon, passando por todos os comitês de campanha dos outros postulantes.

Mas um ingrediente novo veio intensificar a agitação daqueles dias e justificar toda a azáfama em torno da nova candidatura. O Instituto Gallup publica no dia 2 de novembro a primeira pesquisa incluindo o nome de Silvio Santos, e o resultado foi devastador: Silvio aparece em primeiro lugar, com 29% das intenções de voto. Collor despenca para 18%.

Todos os outros candidatos perdem alguma substância, mas o dado mais significativo e o que mais chamou atenção dos analistas foi mesmo o fato de, pela primeira vez em toda a crônica da campanha, um candidato ter deslocado do primeiro lugar na preferência popular, Fernando Collor, que teria perdido 30% de seus apoiadores, segundo os melhores cálculos.

Pelos estados afora, tendências se cristalizavam e não eram auspiciosas para Collor. Na Paraíba, por exemplo, Silvio alcançava impressionantes 78%. É um estado pequeno, é bem verdade, mas era uma indicação a se levar em conta, já que todo o Nordeste era uma espécie de caça guardada de Fernando Collor e, secundariamente, de Luiz Inácio Lula da Silva.

Todos esses acontecimentos teriam de chamar a atenção da mídia internacional. Assim, no dia 3 de novembro, o *The New York Times* traz a matéria em destaque, abrindo um espaço generoso na primeira página, com uma bela fotografia, enfatizando que a popularidade de Silvio Santos "assusta os outros candidatos" e antecipando a intenção destes de impedir no Judiciário que viesse a prosperar tal candidatura.

O *Clarín*, de Buenos Aires, dá igual destaque, mas assume um tom hostil, refletindo em peso o sentimento da mídia brasileira. O francês *Le Monde* trata a matéria com sobriedade, mas se dispõe a acompanhá-la em sucessivas edições.

Os três jornais coincidem em um ponto: a probabilidade de Silvio Santos chegar à Presidência da República era muito forte – o que de resto não era novidade; era um segredo de polichinelo e já não surpreendia ninguém. Internamente, dez entre dez observadores já apostavam que Silvio, no mínimo, estaria no segundo turno.

Para nós, porém, o melhor ainda estava por vir. De fato, a campanha não tinha sequer começado. Silvio ainda não tinha chegado ao horário eleitoral gratuito para a grande convocação popular. Tudo aquilo tinha acontecido ainda na "pré-campanha", se é que se pode chamar assim um lapso de tempo de pouco mais de uma semana, todo carregado de incertezas.

Quando, por fim, ele ocupasse a televisão, que era seu território, não importando quanto tempo fosse consignado ao PMB, aqueles números iriam dobrar; a convicção de vitória se acentuaria e influenciaria os indecisos, reforçando as tendências, numa avalanche incontrolável. Amigos exageravam, afirmando que os próprios institutos de pesquisa iriam perder a utilidade ante aquele ritmo, a menos que fizessem um levantamento da opinião pública a cada hora.

No campo adversário, havia uma nítida percepção da inexorabilidade dos fatos. Silvio avançaria numa marcha batida, agora leve, solto e desimpedido. Todo aquele esquema grandioso montado em suporte à candidatura Collor, todo aquele aparato, todo o investimento em logística e aliciamento iriam se aluir como um castelo de cartas. A menos que...

A menos que se conseguisse impedi-lo com o último dispositivo à mão: o Poder Judiciário. Sejamos claros: não havia nenhuma estratégia política, eleitoral ou publicitária eficaz para enfrentar Silvio Santos. Ele teria de ser combatido com instrumentos atípicos, heterodoxos ou, de toda forma, alheios à expressão da vontade popular.

Da cogitação à execução seria um pulo. Antes mesmo que pedíssemos o registro de nossas candidaturas no TSE, a contraofensiva já estava pronta e em andamento.

E ela era portentosa. Monumental, variegada, sistematizada e meticulosa. Pensou-se em tudo, começando pelo condicionamento da opinião pública a uma decisão desfavorável a Silvio no TSE e incluindo ações para minar o moral da nossa tropa, até a busca por uma coalizão informal com outros candidatos ou o envolvimento induzido de outros partidos nas hostilidades – uma espécie de injúria solidária. Valeria tudo: pressão, intimidação, desinformação, manipulação, dissuasão.

O Globo deflagrou o processo: em editorial violento, o jornal do dr. Roberto Marinho proclamou que "a pretensão eleitoral deste arrivista é uma afronta à consciência cívica da nação e deve ser imediatamente detida pelo Tribunal Eleitoral". Juristas de nomeada (a maioria dos quais engajados politicamente) foram recrutados às pressas para dar entrevista e emitir pareceres que amparassem a empreitada em marcha. Goffredo da Silva Telles, Miguel Reale Júnior, Evaristo de Moraes Filho, Evandro Lins e Silva, entre outros, emprestaram suas luzes ao "affaire". Dado curioso é que as circunstâncias levaram o dr. Sobral Pinto e o ministro Leitão de Abreu a convergirem em torno da mesma causa "redentora" – dr. Sobral, o legalista incondicional, que defendera os encarcerados no Estado Novo de Vargas invocando em última instância a lei de proteção aos animais, e o ministro Leitão de Abreu, o jurista do regime militar, patrono intelectual de diversos atos institucionais.

O argumento era simples, para não dizer simplório, mas nem por isso menos perigoso. Dizia-se que Silvio Santos não podia ser candidato por ser dono de uma cadeia de televisão. Silvio já tinha apresentado documentação mostrando que ele era apenas sócio e não exercia cargo de direção. Ponto final? Não; daí é que defluía o mais grave. Aqueles senhores pediam que o Tribunal desse à lei uma "interpretação estendida", para usar uma expressão de Ricardo Lira, à época procurador do Estado e professor de Direito Civil da Universidade Estadual do Rio de Janeiro. Ou seja, pretendia-se que o Tribunal fizesse tábula rasa sobre contratos sociais depositados em cartório e na Junta Comercial, ou então estendesse, com algum passe de mágica, os limites da lei, só para alcançar Silvio Santos sob a alegação de que ele detinha o comando de fato do SBT. E ofereciam o peso dos seus currículos em respaldo àquela aventura.

Uma variante das objeções propunha que a candidatura de Silvio Santos não podia juridicamente prosperar, porquanto lançada na undécima hora, embora a lei não tratasse disso e, tecnicamente, o tempo exíguo operasse em desfavor do postulante.

No que pareceu a muitos um ato falho, o ministro Leitão de Abreu disse que a filiação de Silvio Santos representava um "casuísmo" por ser procedida de última hora, sem uma adesão sincera ao programa e ao estatuto do partido.

No fronte político, as ações tinham dois propósitos: forçar uma *entente cordiale* de todos os candidatos, para transformar em causa comum a luta contra Silvio Santos, e concentrar fogo de artilharia pesada sobre Sarney, para inibir ou anular qualquer eventual apoio do Planalto à candidatura de Silvio Santos, dentro ou fora das quatro linhas do teatro de operações. Nos dois casos a estratégia funcionou.

Capciosamente, *O Globo* tratou a matéria sobre a pesquisa do Gallup com o seguinte título: "Silvio tira esquerda do 2º turno". Lula e Brizola morderam a isca. Até então cautelosos na maneira de administrar o problema Silvio Santos, assestaram as baterias a pleno fogo, sendo seguidos por Ulysses e Covas. A linguagem oscilava entre a indignação e a ironia. Uma vez mais criticava-se o "método" de indicação do candidato, que seria espúrio, e investia-se contra a sua suposta falta de experiência política. Lula ameaçava ainda fazer uma investigação nos bens de Silvio Santos e compará-los com a sua declaração na Receita Federal.

Na outra ponta, os ataques de Collor a Sarney e sua família recrudesceram. Cada um mais virulento que o outro, os discursos terminavam sempre com a ameaça de colocar o presidente na cadeia por corrupção, quando ele, o Caçador de Marajás, chegasse ao poder.

Aparentemente colocado na defensiva, Sarney limitava-se a negar, de modo sobranceiro, participação em qualquer articulação legal ou ilegal, proclamando o seu distanciamento do processo eleitoral e a sua disposição de passar a faixa presidencial a quem de direito, contribuindo assim, a seu modo, para a consolidação do sistema democrático no país.

Essa linguagem, evidentemente, não comovia Collor nem atendia aos seus objetivos. Queria porque queria arrastar Sarney para o confronto pessoal. E assim voltava cada vez mais furibundo em suas catilinárias contra o presidente, até que este teve a paciência esgotada e optou por uma reação, encarregando Saulo Ramos, o ministro da Justiça, de uma contraofensiva mais enérgica.

Dado curioso: Collor não atacava Silvio. Usava prepostos para tanto; induzia outros candidatos a fazerem e se ocupava, ele mesmo, exclusivamente de Sarney. Por vezes, apelava para o deboche e se saía pelo baixo calão, para delírio da turba.

Outras vezes, traçava cenários mirabolantes, em que Sarney aparecia urdindo um golpe de Estado e promulgando um novo ato institucional para se perpetuar no poder – o que evidentemente não conseguiria, porque ele, Collor, "mobilizaria a resistência popular".

Sarney, por seu turno, não poderia ter sido mais feliz na escolha do seu condestável. Dr. Saulo Ramos, ministro da Justiça, homem de fina sensibilidade, escritor talentoso, jurista emérito, poeta bissexto e *causeur* admirável, era também conhecido como bom de briga – desses que não costumam levar desaforo para casa. E confirmou, sem demora, tais predicados.

Encaminhou ao procurador-geral da Justiça Aristides Junqueira e fez publicar na imprensa o que seria o Aviso nº 899 – uma *notitia criminis* contra Fernando Collor – e caprichou na linguagem, referindo-se ao candidato como "rufião de lupanar", "usineiro de difamação" e delinquente contumaz que usa de "linguagem rameira" para injuriar e caluniar o presidente da República.

Por associação de ideias, procurou situar Collor em um certo universo, ou melhor, em um submundo ominoso e sombrio, trazendo para letra de forma o que era apenas murmurado: "O senhor Collor de Mello pratica delitos e crimes contra a honra e contra a verdade, com a mesma desenvoltura e atrevimento com que os traficantes de cocaína atentam contra o estado de direito na Colômbia".

Por fim, levanta dúvidas sobre a sanidade mental do "transgressor": "A formação humana e religiosa dos brasileiros não suporta a descompostura e o palavrão, a inconsequência do infamante que estupra a honra e violenta os sentimentos cristãos, como se agindo estivesse à beira da loucura". E fecha o texto pedindo os rigores da lei para "aplacar a sua crescente tendência à criminalidade e para sua provável reeducação, já que é primário".

Era tudo o que Collor queria: um contendor na liça; um alvo visível; um contraponto concreto a suas bravatas, mesmo que fosse um simples ministro. Precisava disso para espumar ódio e manter excitadas as massas, segurando o pulso da campanha, ameaçada pela estagnação dos índices de intenção de voto.

Ao tomar conhecimento da iniciativa de Saulo Ramos, o assessor de imprensa e integrante do núcleo duro das hostes coloridas, Cláudio Humberto Rosa e Silva, partiu para o ataque, chamando o ministro de "capanga intelectual de Sarney". E foi mais longe: "Esse documento foi redigido pelo ministro Saulo Ramos em seu estado natural, isto é, não estava sóbrio".

Se a luta era renhida no campo jurídico e político, na arena da comunicação era uma carnificina. Dr. Roberto Marinho situava a questão em termos pessoais. Não creio que visse o caso como um confronto entre Globo e SBT, ou que temesse pela sorte do seu império, embora a fixação do poder concedente para emissoras de rádio e televisão nas mãos do presidente da República não fosse um fato despiciendo.

Parecia mais tratar-se de um problema de hierarquia social. Seria inadmissível para ele que "um camelô", como se referia a Silvio, que ascendeu à vida artística pelas suas mãos, que fora cria da casa e engrossara o pescoço entre seus estúdios e corredores, chegasse à Presidência da República e pudesse olhá-lo de cima para baixo ou tomar iniciativas sem consultá-lo, contrariando uma regra não escrita de vários anos, nas suas relações com o poder civil.

Para não deixar dúvidas sobre seus propósitos, rompeu relações pessoais com Sarney, que, no seu entender, patrocinava "aquele camelô". Uma amizade antiga, sedimentada por mimos e cortesias recíprocas, mais as relações com a afiliada do sistema Globo, a TV Mirante de São Luís, podiam degringolar, sem dor ou pena, pois o que estava em jogo era mais forte e mais compulsivo – era como uma questão de honra.

Escusado dizer que o sistema Globo por inteiro assumiu a tarefa como uma *marche aux flambeaux*. Editoriais verrinosos, distorções grosseiras, factoides, piadas, acusações falsas, tudo tinha espaço garantido, se servia para denegrir ou descaracterizar o sentido da nossa luta.

Os outros órgãos da chamada grande imprensa vibrariam no mesmo diapasão, como se mancomunados. O *Estadão* de Júlio Mesquita, o *Jornal do Brasil* de Nascimento Brito, a *Veja* dos Civita e até mesmo a *Folha de S. Paulo* dos Frias (de hábito mais imparcial) não conseguiam esconder um viés tendencioso. Ao contrário, faziam questão de evidenciá-lo.

Por essa época, ganhamos eu, Lobão e Hugo Napoleão o apelido de "Os Três Porquinhos". Criação do jornalista Luciano Suassuna, repórter de *O Estado de S. Paulo*, que foi logo adotado pelos seus confrades, em todas as mídias, como se fosse um achado precioso, tanto em verve quanto em maldade. Era uma forma manhosa e alegre de escarnecer. Mas pegou. Aquele apelido foi usado, replicado, adaptado, estilizado e administrado, em suma, de mil maneiras. Ganhou força e correu mundo. Em pouco tempo, nós éramos também *"Los tres chanchitos"*, *"Les trois petits cochons"* ou *"The three little pigs"*, pois isso convinha, sempre que algum correspondente estrangeiro quisesse acentuar, com um toque derrogatório ou hilariante, o conteúdo porventura já agressivo do seu texto. Agressividade, por sinal, induzida, sugerida ou havida por contágio de colegas, editores ou patrões das folhas nacionais.

No que me diz respeito, asseguro, não produziu efeitos. Mesmo como simples observador, isto é, desconsiderado o fato de ser eu um dos alvos, aquilo não moveria o meu senso estético ou emocional em nenhuma direção. Não achei engraçado nem cheguei a me irritar. Pelo menos não no primeiro momento.

Para começo de conversa, nós não tínhamos o *physique du rôle*, isto é, não tínhamos compleição nem visual adequados: não éramos gordinhos (Lobão até que era bem esguio), não éramos rosados e não sabíamos cantar nem dançar. De resto, me ajudou o fato de que nunca entendi direito o espírito ou a essência da brincadeira, que, sobre ser de mau gosto, era mal construída. Fazia alusão, por certo, ao conto infantil de Joseph Jacobs, "Os Três Porquinhos", que caiu no gosto de gerações inteiras pelo mundo afora. Nesse conto, porém, havia três porquinhos (Horácio, Cícero e Prático) e um lobo. Isso faz uma enorme diferença; uma diferença ululante, por assim dizer, porque tornava claro que o propósito dos porquinhos era tão somente o de se defenderem e se protegerem de ameaças e ciladas bem explícitas e, ainda assim, ou por isso mesmo, fazendo as coisas certas em todos os sentidos. Ao final do conto, o lobo sai queimado e tosquiado, ao tentar a última investida, descendo por uma chaminé. Assim, acaba se consagrando o bom senso dos porquinhos.

No nosso caso não havia só um lobo, havia uma matilha. E todos uivando na nossa direção, em uníssono, como se atrelados à mesma coleira. Curiosamente, ninguém ouviu. Ou seja, na hora de criar o apelido, esqueceram-se do lobo, ou fizeram abstração intencional do lobo – ou dos lobos, que simplesmente desapareceram ou foram abduzidos e ficaram só como sujeitos ocultos.

Fosse como fosse, a história exigia de toda maneira um lobo, porque, concretamente, se sugeria que houvesse ações indignas no seu curso. Ora, ações indignas são próprias de lobos, e não de porquinhos. Além do mais, sem o lobo, o caráter defensivo das iniciativas porcinas ficava sem objeto, e a história ficava troncha.

De duas, uma: ou se pretendia que os porquinhos exercessem também o papel do lobo, o que era absurdo, ou se lançava de vez o labéu da infâmia sobre a nobre raça, insinuando que os porquinhos estavam ali sozinhos em cena, chafurdando em águas turvas, por interesses escusos.

Com raras exceções (*Correio Braziliense*, por exemplo), aquele era o tom da viola na grande imprensa. Pior que o tom, porém, era a orquestração; a sinergia como operavam os jornais, como se obedecendo a alguma coordenação. Eu até compreendia que o sistema Globo capitaneasse as ações depreciativas contra a nossa causa, mas me surpreendia a unanimidade, a adesão maciça, quase servil, de órgãos de grande respeitabilidade àquela empreitada, marcada muitas vezes por expedientes de baixa extração, em que cavilações como essas dos "três porquinhos" chegam a ser mesmo brincadeira de criança. Que o digam as violentas difamações e calúnias assacadas contra os nossos amigos do PMB, que nos acolheram na legenda e cuja decência nós sempre proclamamos. Como que resumindo tudo, o *ombudsman* da *Folha de S. Paulo*, Caio Túlio Costa, que respondia pela autocrítica do jornal e, por extensão, de toda a imprensa, abria o seu texto do domingo, 5 de novembro, com este testemunho: "Nenhuma candidatura à presidência foi tão bombardeada pela imprensa brasileira quanto a de Silvio Santos". E apontava o dedo para os quatro grandes jornais e as revistas de fim de semana, para informar que tudo se devia a preconceito, aliado à expectativa das urnas. Concluiu com uma pergunta de resposta óbvia: "Será que o lançamento extemporâneo da candidatura de alguém como o empresário Antônio Ermírio de Moraes – ou mesmo o decrépito Jânio Quadros – provocaria reações contrárias tão virulentas como as que estão acontecendo contra Silvio Santos?".

A bem da verdade, nem mesmo no SBT tínhamos um apoio mais consistente. O presidente da *holding*, José Sandoval, não simpatizava com nossas ideias. Aparentava solicitude, mas a sua linguagem corporal, seus atos falhos, lapsos e coisas que tais traíam seus pensamentos. No fundo, ele achava que essa história de poder político era algo fugaz e que, se Silvio se bandeasse para esse lado, o SBT perderia a sua estrela maior, a razão de sua existência e o sustentáculo financeiro de todo o grupo.

A equipe de jornalismo também estava dividida.

Uma das entrevistas mais difíceis que tive de dar durante a campanha foi precisamente a Boris Casoy, âncora do *Jornal do SBT*.

O homem questionava com veemência a candidatura Silvio Santos em todos os seus fundamentos e me fustigava feito um ferrabrás. Não parecia propriamente que eu estivesse falando com a prata da casa, mas sim diante de um tribunal da Inquisição. Contei depois a história para Silvio, que não havia assistido ao programa. Ele riu, condescendente, e só disse: "Esses jornalistas são assim mesmo, muito ciosos da sua independência. Se a gente for tomar satisfação, é pior. Aqui no SBT eles sempre tiveram autonomia plena, eu nunca interferi em nada".

5 Informação ao Senado

Em meio a todo aquele fogo cruzado, Silvio Santos talvez fosse, entre nós, o único que guardava a serenidade. Mantinha-se todo o tempo imperturbável, o nosso presidente, como se nada lhe dissesse respeito. Não respondia aos ataques, não retaliava, não buscava reparação e, sobretudo, não se impacientava. Em parte por sua própria índole, em parte pela convicção da vitória, que o socorria em qualquer contrariedade.

Pode-se dizer que a campanha mudou a rotina, mas não o estilo Silvio Santos. Era o mesmo sujeito alegre, descontraído, espirituoso e divertido. Viajava em avião de carreira, distribuía sorrisos e autógrafos a mancheias em toda parte, e se deixava fotografar com grupos de eleitores ou bandos de tietes, com o inevitável tumulto, fosse no saguão do aeroporto, fosse mesmo em sítios mais oficiais.

Era beijado, abraçado, empurrado, repuxado, beliscado, e seguia impávido em meio àquela tropelia dos fãs, admiradores, jornalistas e curiosos. Cuidados com a segurança: zero! Nunca vi nenhum tipo mais esquivo, com ares de guarda-costas ou araponga ao seu lado, nem nenhum aparato que ao menos lembrasse o assunto.

Em certas ocasiões, beirava a irresponsabilidade. Certa vez, em São Paulo, fomos jantar em um restaurante no Largo do Arouche. Depois ele me deixou no hotel, na Avenida Ipiranga, e eu me preocupei, porque já passava de meia-noite, e até o Morumbi, onde Silvio morava, seria um bom pedaço. Falei para ele:

– Silvio, vamos fazer o seguinte: eu vou com você até a sua casa e volto de táxi.

– Mas por quê? – Silvio retrucou. – Que coisa mais absurda! Você já está aqui no hotel. Agora vai e volta, feito carrapeta... Não faz sentido. Tá maluco?

– Veja bem: este seu Camaro branco deve ser o único de São Paulo, portanto, muito conhecido ou referenciado. Você é muito visado, por todas as razões. Vai que acontece uma pane a esta hora da madrugada.

– Ah, mas isso já aconteceu.

– Já? E como foi?

– Bem, eu vinha dirigindo, mais ou menos a estas horas, e o carro, simplesmente, pifou. Eu desci para inspecionar, quando quatro rapazes se aproximaram numa atitude que parecia ameaçadora ou suspeita. Procurei ficar tranquilo.

– E então?

– Então eles me reconheceram. Fizeram festa comigo e empurraram o carro até um posto de gasolina.

– Ah, bom...

No plano emocional, portanto, a campanha estava forrada de bons exemplos, vindos do próprio candidato, com todas as bússolas sinalizando estabilidade.

Mas nós não tínhamos a mesma fleuma de Silvio Santos. Entendíamos que estava na hora de enfrentar aquela histeria rançosa que tomava conta de certos setores e chamar o feito à ordem, devolvendo, um por um, todos os ataques recebidos; todos os insultos que nos eram lançados, todas as mentiras e falsas imputações assacadas contra nós. Resolvemos, então, iniciar imediatamente uma contraofensiva.

Mas havia um problema: não tínhamos espaço. Era constrangedor, mas precisávamos encarar aquela nefanda realidade: não havia um só veículo de comunicação que fizesse uma cobertura isenta e se dispusesse a abrir suas páginas para alguma manifestação de nossa parte. Contavam-se nos dedos os jornalistas que, em suas colunas, produziam análises imparciais quando o assunto era a candidatura de Silvio Santos (lembraria Ricardo Noblat, Eliane Cantanhêde, os irmãos Holanda – Tarcísio e Haroldo – e mais alguns gatos pingados). A rigor, todos os órgãos de comunicação estavam comprometidos e engajados naquela cruzada sórdida contra nós, visando a descaracterizar a nossa causa, minar o moral da tropa e condicionar a opinião pública. Tudo direcionado sem trégua e sob encomenda.

Optamos, então, pelo único instrumento ao nosso dispor: a Tribuna do Senado. Não tínhamos grandes ilusões quanto ao alcance da iniciativa. A imprensa, seguramente, não daria nenhuma nota. E, se o fizesse, seria com distorções. O Senado, por seu turno, só dispunha de dois veículos de divulgação: *A Voz do Brasil*, com escassos minutos para cada senador, e o *Jornal do Senado*, publicação interna com circulação bem restrita. Na prática, o nosso público se resumiria aos demais senadores, funcionários da Casa e dos gabinetes e uma leva indefinida de visitantes que perambulavam pelos corredores. Ainda assim, valeria a pena. Teríamos, porém, de adaptar o conteúdo, a forma e o tom do pronunciamento àquele contexto. Foi quando ouvimos mais uma sábia advertência de Francisco Benjamim, o nosso "Frangelico":

– Nada de bravatas ou proclamações heroicas. Nada de provocações. O discurso tem de ser um registro histórico, e não um desabafo. Qualquer que seja o desfecho dessa luta, a história que há de ficar não pode ser a que está nos jornais. É preciso esclarecer, aos presentes e a quem vier um dia a se ocupar desses fatos, os fundamentos da nossa proposta e a reta intenção aplicada em cada etapa ou em cada pronunciamento. É preciso usar o tempo com proficiência e focar o essencial.

Fomos escalados, eu e Hugo Napoleão, para a tarefa. Na minha vez, tomei ao pé da letra as advertências e procurei ser didático, na medida do possível. Uma ressalva precisava ser feita desde o início: em nenhum momento investiram contra a honestidade de Silvio Santos ou questionaram sua capacidade administrativa. Resolvi, então, me concentrar nas objeções à legitimidade da nossa postulação. Dizia-se que Silvio Santos tirava vantagem da intempestividade do seu lançamento, ou seja, que tendo sido apresentada a sua candidatura na undécima hora, já no apagar das luzes do primeiro turno, ele gozaria de um privilégio sobre os outros candidatos que se haviam exposto a críticas e ao esquadrinhamento minucioso de suas vidas públicas e privadas ao longo de vários meses. Por isso, ele era chamado de oportunista, arrivista, *outsider* e paraquedista. Este último qualificativo ensejava um traço divertido à crítica, porque na juventude ele efetivamente fora paraquedista – mas do Exército... Na opinião dos nossos adversários, porém, tudo aquilo desequilibrava o pleito e atentava contra a legitimidade dos resultados.

Procurei mostrar que todos os outros candidatos sabiam das regras quando decidiram entrar no jogo. Ou seja, sabiam que qualquer cidadão podia entrar na disputa em qualquer momento da campanha – até mesmo na véspera do pleito, observado o tempo para o TSE deliberar sobre o registro da candidatura.

Na verdade, o projeto de lei aprovado pelo Congresso para reger o processo eleitoral de 1989 continha um dispositivo (artigo 8º) que estabelecia limites temporais para o lançamento de candidaturas naquele ano. Assim, foi estabelecido o dia 15 de maio de 1989 como a última oportunidade para filiações com aquele propósito. Mas a lei só foi votada bem depois daquela data, e isso lhe conferia, naquele ponto, caráter retroativo, o que seria evidentemente inconstitucional. O presidente José Sarney vetou, então, aquele dispositivo. O Congresso poderia derrubar o veto, mas não o fez. Assim, prevaleceu o entendimento de que era lícito, nos termos da lei, o lançamento de candidaturas em qualquer fase da campanha, conferindo-se legitimidade a todos os atos disso decorrentes. A decisão de Sarney beneficiou igualmente José Paulo Bisol, candidato a vice-presidente na chapa de Luiz Inácio Lula da Silva. Bisol era filiado ao PSDB; deixou o partido, ingressando no PSB em 3 de julho, sendo lançado candidato em convenção, no dia 9 do mesmo mês[7].

Quanto à suposta vantagem que Silvio pudesse auferir do atraso na apresentação da sua candidatura, a nossa constatação era de que ocorria exatamente o contrário. O atraso operava em desfavor do candidato, principalmente dele, Silvio Santos, que extraía sua força da comunicação visual, restrita agora ao horário eleitoral gratuito – que pouco poderia usar, evidentemente – e do contato com as massas, que seria também impraticável, posto que não haveria tempo para visitar os estados, como era sua intenção. Pior ainda: chegando a destempo na luta, Silvio iria encontrar a cédula oficial de votação já confeccionada e impressa pelo Tribunal, obrigando-o a concentrar todo o seu esforço de comunicação na explicação sobre como votar em Silvio Santos, sem seu nome ou sua foto constar no papel – com o agravante de que, se o eleitor tentasse contornar esses obstáculos escrevendo o nome "Silvio Santos" na cédula, o seu voto seria anulado, conforme já anunciara o então presidente do TSE, Francisco Rezek.

A pecha de arrivista ou *outsider* era também descabida, para não dizer ridícula. Pretendia-se que Silvio fosse um estranho no ninho; diziam que não era político, que atuava em outra área, que

---

7 A Lei Orgânica dos Partidos Políticos (LOPP) estabelecia que qualquer cidadão, para ser candidato, deveria estar filiado a um partido político até 30 dias antes da convenção. Por essa razão, Bisol sofreu impugnação pelo Ministério Público, mas conseguiu superá-la, obtendo o registro graças, precisamente, àquela lei regente do processo eleitoral de 1989, sancionada por José Sarney em 8 de junho, que suprimia essa e outras exigências de prazo. (N. do A.)

nunca tinha lido um programa partidário, e isso enfraquecia o teor de legitimidade (se é que podemos falar assim) da sua candidatura.

– Em primeiro lugar, essas coisas não estão escritas em parte alguma – argumentei. Não há qualquer norma, regra ou lei que obrigue a que se tenha uma militância prévia para postular qualquer cargo eletivo.

Depois, há que se ver que, dos 22 candidatos, quase a metade não tinha história política. Atuavam em outras áreas, com profissões diversas, havendo mesmo quem não tivesse profissão definida. Esses senhores nunca foram importunados ou molestados por causa disso. Por uma razão elementar: não tinham nenhuma chance no processo eleitoral. De onde se conclui uma vez mais que todo aquele azedume em relação à candidatura de Silvio Santos tinha uma só razão: a perspectiva de vitória.

Uma terceira vertente armada para desconstruir a candidatura de Silvio Santos envolvia a insinuação de que na mudança para o PMB teria ocorrido alguma transação financeira.

– Dispenso-me de produzir provas negativas – disse eu –, pois que o ônus da prova é de quem alega. Indago, porém, se aqui no plenário alguém conhece algum fato ou indício que, ao menos de longe, possa dar sustentação a essa insinuação mesquinha.

Ninguém se manifestou.

Os caminhos éticos percorridos até a mudança de legenda seriam em seguida rememorados por Hugo Napoleão. Ele passou a descrever, pormenorizadamente, para os senadores, as circunstâncias que nos levaram àquele posicionamento, não sem antes mostrar a coerência de Silvio Santos e o seu respeito à sua agremiação de origem, o PFL. Mostrou que ele já era filiado de longa data e lembrou com muita propriedade que, já em março daquele ano, Silvio fora procurado por outros dirigentes partidários, como Marco Maciel, Jorge Bornhausen e Carlos Chiarelli, ocasião em que se discutiu pela primeira vez sua candidatura a presidente da República. A ideia não prosperou e, em 21 de maio, o PFL realizou prévias eleitorais, saindo Aureliano Chaves amplamente vitorioso. Acrescente-se que, já a partir daí, Aureliano começou a ser abandonado pelos seus companheiros e, em junho, Silvio foi procurado outra vez por dirigentes do PFL, com a mesma convocação. E declinou de novo. Entre os argumentos para a sua decisão, pesou agora o fato de que não queria atropelar Aureliano, a um mês da convenção oficial que aconteceria em julho, quando seria homologado.

Seguindo o relato de Hugo Napoleão, fica claro que Silvio só voltaria a cogitar sobre a candidatura no momento em que Aureliano declarou a ele e a todos nós a sua decisão de renunciar, e informou da carta que enviaria autenticando o fato, que supúnhamos consumado.

A mudança de atitude de Aureliano, recuando da renúncia, promoveu uma reviravolta vertiginosa no cenário político e nos infundiu uma sensação de logro, a que Hugo preferiu chamar de decepção. Em paralelo, criou-se um breve dilema ético: como nos posicionaríamos agora ante a candidatura de Silvio Santos? Não houve, porém, nenhuma hesitação. Nós havíamos procurado Silvio, que agira com absoluta boa-fé todo o tempo, fiando-se, como nós, na palavra de Aureliano. Nós tínhamos assumido com ele, e agora com o país, um compromisso e iríamos com ele às últimas consequências.

Pois bem, a primeira dessas últimas consequências era precisamente a necessidade de mudar de partido. A opção foi o PMB, escolhido justamente pela limpidez do seu histórico, mas Silvio queria manter o vínculo com o PFL e exigiu que o seu vice fosse também egresso dessa legenda, sugerindo o meu nome. Assim foi feito, e me filiei ao PMB sem maiores questionamentos.

A outra consequência mais imediata o próprio Hugo se impôs e anunciou naquele discurso. Como presidente do PFL, sentia-se desconfortável apoiando candidato de outra legenda e se mantendo naquela condição; por isso se licenciava do cargo, passando o comando a quem de direito – ao senador Divaldo Suruagy, "o último dos moicanos" que ainda apoiava Aureliano dentro da Executiva Nacional do PFL.

Ato contínuo, leu a nota oficial que produzira para aquele fim e que, além do mais, resumia em quatro parágrafos a evolução dos fatos até aquele momento. O documento estava vazado nos seguintes termos:

NOTA OFICIAL

"A nação é testemunha dos esforços que empreendi ao lado de tantos e tão valorosos companheiros, com vistas a consolidar a candidatura do dr. Aureliano Chaves à Presidência da República pelo Partido da Frente Liberal.

Reconhecido o insucesso desses esforços, o próprio candidato se dispôs a declinar da candidatura, fixando-se de comum acordo com expressivas lideranças do partido no nome do empresário Silvio Santos para substituí-lo, que aceitou.

Embora o dr. Aureliano tenha reconsiderado a sua atitude, mantenho-me fiel aos compromissos assumidos com a candidatura Silvio Santos, hoje viabilizada por outra agremiação.

Em tais circunstâncias, licencio-me da presidência do PFL, até o dia 16 do corrente, entregando-a ao eminente senador Divaldo Suruagy, meu substituto, a quem cabe dirigi-lo durante a campanha eleitoral."

Em aparte ao orador, o senador Edison Lobão confirmou em toda a sua extensão o relato de Hugo Napoleão e elogiou a sua fidelidade à verdade, nisso incorporando a opinião e o sentimento de todo o grupo.

A manifestação seguinte, do senador Leite Chaves, pela liderança do PMDB, valeu como um arremate aos nossos pronunciamentos. Disse ele, num rasgo de sinceridade: "A candidatura é legal. O Senado sabe disso, a Câmara sabe disso. Houve um veto do presidente da República (que agiu dentro das suas atribuições), suprimindo prazos para apresentação de candidaturas; e nós poderíamos derrubar esse veto, exigindo-se para isso tão somente o voto da maioria. Se não o fizemos é porque concordamos com a supressão". E mais: "Se o renunciante, Armando Corrêa, fosse substituído por outro que não tivesse expressão eleitoral, nenhuma referência se faria ao fato".

O Senado e a Câmara, em última análise, são a consciência da nação. E aquela consciência, trazida à colação com veemência pelo senador Leite Chaves, com o assentimento de todo o plenário, nos deu a sensação confortadora de missão cumprida.

Além de consciência crítica, o Senado era um repositório seguro e inviolável da nossa história até aquele ponto. Nós nos sentíamos bem mais refratários aos ataques da imprensa e devidamente envernizados contra a corrosão da memória. Era como se uma etapa se completasse, ou um arco de preliminares se fechasse, de modo satisfatório.

O que não significava sossego ou pausa, pois a terceira e a mais difícil daquelas "últimas consequências" a que nos dispúnhamos despontava agora no horizonte, cada vez mais nítida e ameaçadora, a exigir, certamente, muito mais de nós. Tratava-se do enfrentamento ao paredão jurídico erguido pelos adversários no Tribunal Superior Eleitoral para barrar, a qualquer custo, o registro da candidatura de Silvio Santos. Vale dizer, a batalha final estava começando.

6
O sobrenatural na política

Aos 59 anos, Silvio Santos tinha cumprido suas responsabilidades existenciais, com exação mais que suficiente para mostrar que não viera ao mundo a passeio. Exposto a todo tipo de vicissitudes e desafios, pode-se tê-lo como um exemplo de superação continuada – estava sempre se transcendendo. Havia terçado um corpo a corpo elegante e vibrante com a vida e havia saído amplamente vitorioso. Bem-sucedido em tudo – profissional, financeira e afetivamente –, admirado universalmente e, sobretudo, cumulado com a consciência de ter acrescentado algo e contribuído para melhorar o mundo a sua volta, pela criação, inovação e, claro, pela realização.

Cabe, então, a pergunta: por que se sentiu atraído pela política? Por que não parou por ali, em sua zona de conforto para gozar uma vida regalada, para usufruir da fama, do prestígio, do dinheiro, de resto auferidos com absoluta legitimidade? Por que assumir um desafio ainda mais abrangente do que tudo que havia enfrentado até então? Por que, enfim, entrar de forma tão desabrida em um universo novo e acidentado, como é a vida pública?

A propósito, Silvio já havia feito uma primeira incursão na política, com resultado sofrível. Postulou a prefeitura de São Paulo em 1988, pelo PFL, e alcançou, de saída, o primeiro lugar em uma pesquisa Datafolha, entre treze nomes avaliados, obtendo uma pontuação quatro vezes maior do que a daquela que resultou eleita – Luiza Erundina.

A candidatura, porém, não prosperou, por algumas das miríades de intercorrências a que o homem público está sujeito. Inicialmente, por um desaguisado com a cúpula do partido em São Paulo, envolvendo a determinação de Silvio Santos de não gastar um centavo na campanha e tornar pública essa atitude; depois, e em caráter definitivo, por um problema de saúde, com comprometimento grave das suas cordas vocais, que o obrigou a um tratamento demorado nos Estados Unidos.

De qualquer forma, foi um batismo de fogo desconfortável. Por que, então, voltar à vida pública – e agora, em condições mais adversas –, para um embate ainda mais rude?

A resposta poderia estar nas estrelas, pelo menos é o que asseveravam 10 entre 10 astrólogos que pontificavam na época. Nada especial no princípio: nativo de Sagitário, Silvio Santos tinha bem visíveis as características básicas do signo: otimismo, modéstia e bom humor. O resto do seu mapa astral, porém, era quase um manifesto político; ou, pelo menos, se podia dizer por aquele mapa que os astros conferiam a Silvio um conjunto de atributos que, em verdade, compunham um ferramental político de invejável operacionalidade, pois que dos sagitarianos se diz que são bons comunicadores (informação, aliás, redundante, no caso em tela); têm inteligência multifuncional, aplicável a qualquer campo da atividade humana (como sói acontecer aos políticos); extraordinária resiliência, isto é, capacidade de adaptação a situações adversas (inevitáveis na montanha-russa da vida pública); e, finalmente, muita intuição (político tem de saber adivinhar).

Mais importante: tendo Júpiter como regente, o planeta maior do sistema solar e manda-chuva do Olimpo, o signo inspira aglutinação de forças a serviço de um projeto social maior, que é o papel do líder. Em suma, o sagitariano não pensa pequeno. Simples assim.

O astral lhe dava régua e compasso e ainda colocava a bola na marca do pênalti. Todas as perguntas estariam assim respondidas, não fosse por um problema: a inespecificidade do Zodíaco. Aqueles dons eram atribuídos democraticamente a todos os sagitarianos. Por que haveria de ser exatamente ele o ungido? E, mais importante, por que deveria aceitar ou assumir a unção?

Como para resolver de vez aquela pendência, o sobrenatural compareceu, em março de 1989, e foi bem objetivo e explícito. Nesse mês, Silvio recebeu um telefonema de Roberto Maksoud, dono do hotel Maksoud Plaza, um dos mais refinados do Brasil, informando que certo guru indiano queria vê-lo. Silvio aquiesceu, e o guru foi direto ao ponto e disse, sem mais rodeios, que ele seria o próximo presidente da República do Brasil. Mais ainda: que em outubro ele receberia uma importante convocação nesse sentido – o que, como vimos, efetivamente aconteceu.

O fato é curioso e instigante, mas insuficiente para mover uma mente racionalista como a de Silvio Santos, embora possa tê-lo deixado no mínimo perplexo e mais suscetível a outros sinais ou comandos, vindos dessa vez do fundo dos tempos. É possível que a noção de ser destinado a uma grande missão, uma missão para além de tudo que já havia realizado, tenha lhe ocorrido bem antes daqueles episódios turbulentos de 1989. Afinal, já havia sido chamado de "esperado Messias" e tinha gostado da alegoria, se bem que surgida na conjuntura mais humilde de uma pré-campanha a prefeito. Agora, alguma coisa parecia fazer sentido.

Para quem acredita em carma ou reencarnação, regressão ou experiências em vidas passadas, o relato a seguir pode ser a chave do enigma. A opção de Silvio Santos pela política se explicaria pela sua ancestralidade, que atuaria ao mesmo tempo como provocação e suporte aos seus propósitos. De fato, Silvio Santos pertence a uma linhagem familiar muito nobre, descendente direta do rei Davi. Essa família, que alguns autores chamam de a Casa dos Abravanel, inclui grandes estadistas, administradores, financistas, escritores, filósofos, teólogos, cientistas, poetas, músicos, e assim por diante. Essa família sempre guardou uma relação tensa de amor e ódio com o poder institucional – intimidade e desprezo, prestígio e ostracismo, influência e perseguição atroz.

O jornalista Alberto Dines rastreou como documentos originais sete séculos de trajetória da família Abravanel e produziu um livro primoroso, intitulado *O baú de Abravanel*. O estudo começa no século XIII, com Yehuda ou Judá Abravanel, que foi tesoureiro do rei Sancho IV, de Aragão e Castela, entre 1295 e 1312. A partir daí, desfila uma galeria impressionante de ilustres homens públicos, mas o foco vai para Isaac Abravanel, sem dúvida o mais importante da estirpe e a referência maior entre os judeus sefarditas em toda a península Ibérica até hoje.

Esse Isaac Abravanel (também grafado, às vezes, Abrabanell ou Barbanell) foi ministro das Finanças na corte de Afonso V, em Portugal, depois tesoureiro real na corte dos reis católicos Fernando e Isabel, da Espanha. E, por fim, conselheiro do rei de Nápoles, notabilizando-se pela erudição, coragem pessoal, integridade e talento político administrativo. Era um escritor fecundo, filósofo, teólogo e exímio comentador da Bíblia; nesse sentido, promoveu uma aproximação do pensamento aristotélico com o judaísmo, na linha de Maimônides. Escreveu ainda sobre ciências naturais, finanças, astrologia e cabala. Mas não era necessariamente um contemplativo. Era um intelectual engajado e pagou caro por isso.

A sua saída de Portugal deu-se de forma nada natural. Foi acusado de envolvimento em um golpe de estado articulado pelo duque de Bragança para derrubar o rei D. João II, sucessor de Afonso V. Com o fracasso do movimento, o duque foi degolado na praça central de Évora, e dom Isaac teve os seus bens confiscados e fugiu para a Espanha ante a iminência de ser também passado ao fio da espada. Na Espanha foi bem acolhido, ascendendo logo ao gerenciamento do tesouro real.

Dois fatos de extraordinária relevância tiveram a sua participação naquele período. O primeiro, com final feliz, foi o financiamento da viagem de Cristóvão Colombo para descobrir a América – financiamento liderado por ele, Isaac Abravanel, junto com a iniciativa privada, em suporte à Bolsa Real; e o outro, menos aventurado no desfecho, diz respeito ao apoio financeiro e logístico que deu à retomada do reino de Granada. Foi decisivo, mas, tão logo os mouros foram derrotados, Fernando II, atendendo à Inquisição, baixou o terrível Decreto de Alhambra, expulsando todos os judeus da Espanha. Em vão, Isaac apelou ao rei e ofereceu compensações financeiras pela revogação do edito. Fernando estava inflexível. Abria, porém, uma exceção para ele, dom Isaac, que poderia ficar no seu cargo com todas as prebendas e privilégios.

Exsurgiu aí o seu senso de responsabilidade e o compromisso com o seu povo e ele disse um sonoro não ao rei. Partiu em seguida com a sua grei para o exílio, onde, paradoxalmente, ainda prestou relevantes serviços à causa pública, começando por Nápoles, depois Sicília, passando por todo o Adriático, para terminar em Veneza, onde veio a falecer em 1508 – não sem antes discutir, sem mágoas nem ressentimentos, um tratado comercial da República dos Doges com o reino de Portugal.

Sua descendência também foi ilustre. O seu filho Judá II, cognominado Leone Ebreo, foi médico e poeta extraordinário, escrevendo em hebraico e italiano. Produziu os *Dialoghi d'amore*, de grande influência na cultura do século XVI. Seu bisneto Daniel Abravanel estava entre os primeiros judeus emigrados para o Brasil e atuou na conformação da comunidade judaica do Recife, a primeira do Novo Mundo. Silvio Santos sempre teve uma verdadeira veneração por esse seu tataravô, a ponto de se emocionar toda vez que falava sobre ele. E sempre se identificou com o seu legado e nele se incluiu. Não seria absurdo, portanto, supor que ele estivesse imbuído da ideia de resgatar a saga dos Abravanel, ao empalmar a candidatura a presidente da República. Até porque ele era, na época, o único capacitado para tal façanha. O outro familiar mais ilustre era Maurice Abravanel, maestro da Orquestra Sinfônica de Utah, nos Estados Unidos – uma figura também legendária, com uma bela história de superação, perseguido e emigrado como seus avós e, como eles, genial em seus afazeres. Aos 33 anos, havia sido o mais jovem regente da Metropolitan Opera, de Nova York.

Mas Maurice dedicara a vida inteira à música, com paixão incoercível, e estava inteiramente alheio a razões de Estado e responsabilidades genealógicas.

Tinha de ser ele, então: Silvio Santos. E essa conclusão transparece com meridiana clareza nas declarações que ele prestou à revista *Veja*, quando indagado sobre as razões íntimas da sua candidatura: "É uma força interior; estou em condições de dar tudo de mim, até a vida, para melhorar as condições do povo. É uma força, pode chamá-la mística, esotérica, teológica..." Esses três últimos adjetivos refletem estímulos extrassensoriais e nos remetem, naturalmente, para fastos de priscas e longínquas datas.

Dado curioso, para reforçar a hipótese: Isaac Abravanel era amigo e colega de trabalho de Abraão Guedelha, conhecido como Guedelha Palançano, rabi-mor ao tempo de Afonso V, e também seu conselheiro. Ao lado de Abravanel, Guedelha foi escritor prolífico e teólogo (escreveu um tratado sobre a providência divina) e participou de ações humanitárias em favor dos judeus. Ora, Guedelha e Gadelha são a mesma coisa, tanto do ponto de vista onomástico quanto semântico – de onde se conclui que a chapa Abravanel/Gadelha, ou seja, Silvio Santos/Marcondes Gadelha, já estava encomendada pelo sobrenatural havia mais de quinhentos anos.

* * *

No entanto, o sobrenatural também atuaria em sentido contrário e, nesse caso, com expedientes bem mais insondáveis e soturnos. Deu-se que Fernando Collor era aficionado da magia negra, bruxaria, vodu, candomblé, macumba e rituais conexos. Crente convicto, praticante e eventual patrocinador, Collor iniciou-se em tais sortilégios ainda como candidato a governador de Alagoas, em 1986. Por essa ocasião, aproximou-se de Mãe Cecília (Maria Cecília da Silva), a mais famosa e festejada ialorixá de Alagoas, com terreiro estabelecido em Arapiraca, a 127 quilômetros de Maceió. Articulou-se, então, entre os dois, uma parceria extremamente fecunda e eficaz, sob a égide de entidades do além – uma espécie de mandinga de resultados. Os dois se beneficiaram amplamente. Collor pleiteava uma ascensão rápida e sustentada na política, e as exigências para tal, àquela altura, ainda eram de pequena monta: vestir-se de acordo com as cores do seu orixá (Collor era consagrado a Oxóssi[8] e devia dar preferência ao verde e ao branco, e a esposa Rosane, que tinha a Pombajira como orixá, devia adotar tons de vermelho); participar das sessões de despachos, assistir ao sacrifício de pequenos animais, como cabritos e galinhas, para regalo das entidades, banhando em seguida as mãos com sangue ainda rutilante.

O sucesso não poderia ter sido mais retumbante. Collor venceu com folga a eleição, chegando a 52,85% dos votos válidos, contra 43,20%

---

8 Oxóssi, na hagiologia das religiões afro-brasileiras, é o deus da caça, o que se pode talvez associar ao futuro papel de "caçador de marajás" assumido por Fernando Collor. (N. do A.)

atribuídos ao adversário, Guilherme Palmeira. Mãe Cecília, por seu turno, deu um salto vertiginoso em fama, prestígio e credibilidade. Atraiu outros políticos, chegando a dar cerca de trinta consultas diárias, ganhou muito dinheiro; comprou chácara e casa na praia e passou a frequentar o Palácio dos Martírios, sede do governo em Maceió.

Mas não chegou a dormir sobre os louros conquistados, porque um novo desafio ainda mais portentoso reclamava seus serviços. O chefe, governador Fernando Collor, havia assumido a candidatura a presidente da República, e isso impunha um conjuro de forças ocultas, digamos, federal.

Até porque havia um obstáculo aparentemente intransponível: a candidatura de Silvio Santos. De fato, o presidente do Vox Populi, empresa de pesquisa e marketing, Marcos Coimbra, que ainda vinha a ser contraparente do governador, trouxe a má notícia e foi taxativo, mostrando levantamentos de opinião pública e projeções científicas: com Silvio candidato não haveria a menor chance de Collor chegar ao segundo turno, pois perderia de plano sua base maior de sustentação, assentada nas classes C, D e E.

Instada a se manifestar, Mãe Cecília considerou gravemente as circunstâncias e concluiu que a tarefa impunha rituais mais heterodoxos e muito mais sacrifícios, começando pelo seu próprio. Aproveitando a noite de lua cheia, ela degolou seis animais e, com a mesma faca, cortou a própria mão esquerda, vertendo sangue em vaso de barro e oferecendo tudo em oblação aos seus guias espirituais. A partir daí, toda sorte de desvarios a que chamava "trabalhos" passou a acontecer. Disse Rosane Malta, então esposa de Collor: "Meu marido pediu à mãe de santo que empregasse todos os meios para barrar o seu adversário". Isso significava que tudo seria permitido; afinal, Silvio só poderia ser excluído do páreo por renúncia, morte ou impedimento legal, hipóteses pouco plausíveis em condições normais de temperatura e pressão.

Mãe Cecília não se fez de rogada. Conforme ela mesma confessaria depois, em um ato de contrição público (quando, afinal, reencontrou Jesus, tornando-se pastora evangélica), aplicou-se à mais estrambótica combinação de procedimentos ou "trabalhos", a que qualificou posteriormente de "asquerosos, nojentos e imundos", mas com indiscutível carga de maleficência.

Prepare o seu estômago: os rituais incluíam a colocação de uma espécie de amuleto na boca de sete defuntos frescos – um dispositivo à base de mercúrio metálico que, no jargão do ofício, é chamado de azougue.

Se houve suborno de coveiros para a viabilização dessas manobras ou se foi violação pura e simples de túmulos, é irrelevante. Até porque outros desmandos, de ilicitude ainda mais flagrante, se sucederam, como o sequestro de ossos e a manipulação de fetos humanos.

Sim, Mãe Cecília obrigava filhas de santo a abortarem e oferecia tudo, candidamente, em favor da causa. Quanto aos animais sacrificados, houve, por assim dizer, um *upgrade* no que diz respeito ao porte e à posição na escala evolutiva das espécies. Não mais galinhas ou patos, mas bichos maiores, como macacos, bezerros e até búfalos, conferindo um certo ar de açougue à cena do despacho.

Dado curioso: Collor se proclamava católico, apostólico, convicto e praticante, além de devoto de Nossa Senhora de Fátima, e levava uma imagem da santa em sua bagagem para onde quer que se deslocasse, entronizando-a à noite em sua cabeceira.

Trata-se de um caso explícito de sincretismo religioso multifuncional, em que o sobrenatural oscila entre dois polos hieráticos, que se reforçam para realizar prodígios e atender a demandas bem específicas. Uma construção muito sofisticada, sem dúvida, e uma instigante história de horror. Rosane Malta afirmou que chorava "copiosamente" a cada ritual[9]. *Si non è vero, è ben trovato.*

---

9 Tempos depois, Mãe Cecília teve, aparentemente, os seus poderes espirituais reduzidos e foi substituída por um pai de santo – Pai Ralf, que também era natural de Alagoas, mas atuava em Olinda-PE, e tinha uma característica curiosa: vestia-se de mulher, por determinação das suas entidades superiores. (N. do A.)

O toque sobrenatural. Mãe Cecília e Collor.
Destaque para o branco de Oxóssi.

Collor, Pai Ralf e Rosane em trajes cerimoniais.

7 Chame o Oscar

O dia 4 de novembro, data do pedido de registro da candidatura de Silvio, se configurou como aquela calmaria que antecede as borrascas.

Após o encaminhamento formal do requerimento e documentação acessória pelo presidente do PMB, Armando Corrêa, foi agendada para o período da tarde uma visita dos candidatos ao ministro Francisco Rezek, presidente do TSE. O ambiente, em princípio, era amistoso.

Rezek se desdobrou em amabilidades, mas, quando Silvio falou da expectativa nas ruas, fez-se sério, e um crescente desconforto passou a permear a conversa.

Nada obstante, o pequeno grupo que acompanhara os candidatos – formado por Armando Corrêa, os senadores Edison Lobão e Hugo Napoleão, os executivos do SBT Luís Sandoval e Guilherme Stoliar e o assessor jurídico da empresa, Gilberto Lupo – parecia satisfeito e tranquilo. Não era bem o meu caso.

Um vício antigo de fazer leitura corporal, de tentar decodificar a linguagem cifrada de gestos, posturas e expressões faciais, me dava sinais de uma batalha jurídica de temerárias proporções. Uma batalha para a qual teríamos de nos preparar em cima da perna – da noite para o dia, e que, a bem da verdade, não sabíamos sequer por onde começar e que forças aglutinar.

Estava imerso nessas preocupações, quando me aparece um cireneu sinceramente disposto a ajudar e suficientemente cioso da dimensão dos nossos problemas. Era o deputado Oscar Dias Corrêa Júnior, presidente do PFL mineiro, que me ligava de Belo Horizonte.

– Olha, Gadelha, em primeiro lugar, deixa eu parabenizar vocês por essa luta histórica. Vocês estão resgatando a coragem, o desprendimento e a dignidade na vida pública deste país. E estão atalhando a marcha da insensatez; não sabemos o que pode acontecer se aquele moço chegar ao poder.

Elogios são exercícios comuns em política, mas aquelas palavras me comoveram. Oscarzinho era um bom companheiro, um político íntegro e transparente, não tinha por que não estar sendo sincero. Com o ego devidamente hipertrofiado, agradeci e ia começando a falar dos nossos problemas, quando ele se antecipou:

– Sei que vocês estão enfrentando uma luta desigual e vão topar uma pedreira agora, na área jurídica, que, na prática, já é a própria definição do processo eleitoral – uma espécie de final antecipada. Deixe-me dar uma sugestão: chama o Oscar... Chama o Oscar que ele vai. Ele assume a causa de vocês e vai de graça; não vai cobrar absolutamente nada; ele está tão convicto quanto eu do alcance dessa jornada.

Oscar era Oscar Dias Corrêa, seu pai. Achei curioso que se referisse ao pai pelo prenome, mas procurei me concentrar no milagre, que era portentoso e parecia feito sob encomenda. *Deus está do nosso lado*, pensei. Oscar Dias Corrêa era precisamente o grande nome de que necessitávamos naquela hora; era a grande personalidade, a grande celebridade e o grande combatente, talhado à perfeição para aquela espinhosa missão. E caía do céu.

Advogado militante e jurista emérito, respeitado por todos os títulos: professor e tratadista de Direito; ex-ministro da Justiça; ex-ministro do Supremo Tribunal Federal; ex-presidente do Tribunal Superior Eleitoral. Conhecedor profundo das artes políticas por estudo e vivência própria. Havia sido secretário de Educação em Minas, deputado estadual e deputado federal; integrante aguerrido da chamada banda de música da União Democrática Nacional (UDN), ao lado de Carlos Lacerda, Aliomar Baleeiro e Bilac Pinto. Era ainda escritor talentoso, romancista, poeta e tradutor, membro da Academia Brasileira de Letras.

Dessa militância udenista data a sua aproximação com Sarney, de quem, além de ministro, se tornou amigo dileto e confidente. Articulado, não se descuidava da sua *network*, que era imensa, abrangendo desde arautos da Nova República, como Saulo Ramos, até expressões do *Ancien Régime,* como Leitão de Abreu, que o havia indicado à nomeação por João Baptista Figueiredo para o Supremo Tribunal Federal.

Oscar Dias Corrêa era, enfim, um nome que se impunha com sobras naquelas circunstâncias – para o país, uma referência ética; para a causa, uma consagração, ou seja, o fato de ele assumir a lide já era meia vitória.

Com o número que me foi passado por Oscarzinho, liguei para o pai, que se encontrava no Rio de Janeiro e parecia já aguardar o telefonema. Ele foi extremamente solícito e atencioso; exalava motivação em cada frase, confirmando, de certa forma, todas as boas sinalizações de Oscarzinho. Retornou pouco tempo depois, já com o horário e o número do voo para Brasília, e nós nos preparamos para recebê-lo no aeroporto.

Para evitar a imprensa, decidimos que a conversa seria na fazenda de Wadjô Gomide, um engenheiro civil goiano, ex-prefeito de Brasília. Ele foi responsável, entre outras obras, pela construção do Palácio do Buriti e pela implantação da Companhia de Eletricidade e da Companhia Telefônica – todas em Brasília.

No trajeto, pela zona rural de Brasília, só amenidades. Aqui e acolá, uma referência esparsa à nossa determinação e ao nosso espírito público. Mas, ao chegarmos à fazenda, a conversa adquiriu um viés surpreendente.

Nós nos assentamos à volta de uma mesa tosca debaixo de um caramanchão, e o ministro foi direto e contundente:

– Como vocês sabem, eu sou um advogado caro.

Nós nos entreolhamos atônitos – aquilo não estava no *script* –, mas ainda nutrindo, por alguns segundos, a esperança de que se tratasse apenas de um preâmbulo, uma forma de começar, e que depois viria o complemento, isto é, um gesto largo do tipo "mas considerando o caráter especial da causa..."

Tal não aconteceu. A expressão ficou solta no ar, como que pedindo sequência. Ainda procuramos contemporizar:

– É compreensível, ministro. O senhor tem uma imagem, tradição e experiência muito sólidas e deve ter um escritório disputadíssimo...

Ele não disse nada; apenas nos olhava, sem condescendência.

Arriscamos, então, a perguntar:

– Quando o senhor fala que é um advogado caro, está querendo dizer caro... em quanto, aproximadamente?

Foi pior. Ele apresentou uma proposta astronômica e absolutamente inalcançável. E, para complicar, queria os valores em dólar e o pagamento imediato, considerando o caráter urgente e o desfecho igualmente imediato da lide. Aguardaria uma resposta nossa só até o dia seguinte, no Hotel Nacional.

Engolimos em seco, mas não perdemos a pose:

– Está bem, ministro. Vamos procurar levantar esses recursos e o procuraremos tão logo estejamos em condições.

Deixamos o ministro no hotel e nos dirigimos à casa de João Alves, aonde chegamos literalmente mortificados. A reunião que se seguiu foi uma das mais angustiantes e depressivas de toda a "campanha".

Simplesmente não tínhamos por onde começar, ou melhor, não sabíamos o que fazer. E aí sobrevieram as considerações funestas e irrecorríveis: conseguir aquele dinheiro, em tão pouco tempo, era absolutamente impensável. Recorrer a Silvio Santos não entrava em nossas cogitações. Aliás, o item finanças era tabu para nós. Desde o começo nos determinamos a nada pedir ao candidato – mesmo o material de propaganda, como santinhos e cartazes, correria por nossa conta.

Sem condições de pagar ao advogado, ficaríamos à deriva; à mercê da sorte, ou, o que era mais preocupante, à mercê do formidável aparato jurídico montado por Fernando Collor, tendo à frente o jurista Célio Silva, ex-ministro do TSE e, posteriormente, consultor geral da República. Na retaguarda e atuando como eminência parda e articulador estaria o ministro Leitão de Abreu, ex-presidente do TSE e ex-vice-presidente do Supremo Tribunal Federal, com indiscutível ascendência sobre as cabeças coroadas da magistratura.

Naquele desalento, pensamos em constituir o dr. Ernani Gurgel, o advogado do PFL que nos acompanhara na travessia para o PMB. Era bom advogado, valente e tinha compleição franzina, que se prestava ao papel de Davi que ele deveria protagonizar. Mas quem diria que metáforas iriam sensibilizar naqueles tempos de *realpolitik*? Além do mais, o exército filisteu, no caso, não tinha só um Golias. Eram vários, muita cabeça para a funda do Ernani...

Divagávamos e divagávamos, até que novo milagre aconteceu.

De repente, por volta das nove da noite, um companheiro irrompeu no recinto, como que saído do nada, com uma mala na mão. Uma mala cheia, repleta, ou melhor, onusta (já que o momento pedia palavras nobres) de cédulas verdes.

– Pronto, Gadelha, consegui o dinheiro. Pode ir contratar o homem.

– Como? De onde? Por quê? – balbuciei, menos interessado na resposta do que torcendo para que fosse verdade.

– Não há tempo para filosofia. A fonte é saudável. Vai lá e resolve isso de uma vez.

Peguei a mala e corri para o Hotel Nacional, ansioso. O recepcionista acionou o apartamento no quinto andar e obteve autorização para que eu subisse. O ministro me recebeu de pijama, com a face grave, mas cordial.

Enchi-me de direito e de razão, estufei o peito e proclamei:

– Ministro, estamos em condição de oficializar nossa conversa desta manhã. Consegui o dinheiro e o senhor pode redigir agora a procuração, que estou pronto para assinar.

Ele me respondeu, carregando o semblante:

– Gadelha, infelizmente não posso aceitar...

Tomei o meu segundo susto do dia. Como aquilo podia estar acontecendo, depois de um dia tão tenso, fadado, não obstante, a um final feliz?

– Não pode aceitar o que, ministro?

– A causa e, consequentemente, o dinheiro. O meu espírito santo de orelhas está dizendo para eu não assumir o patrocínio dessa causa. A imprensa está emprestando um caráter malsão a essa luta de vocês, que parece tão bonita. Amanhã mesmo, estou sabendo, o *Jornal do Brasil* vem com uma matéria terrível sobre o assunto; uma verdadeira catilinária, um libelo arrasador.

Eu não sabia quem ou que diabo seria aquele "espírito santo de orelhas", mas procurei acalmá-lo, pelo menos no que dizia respeito à segunda parte dos seus cuidados. Ponderei que o comportamento da imprensa estava dentro do esperado. Desde o começo nós sabíamos que eles, os donos de jornal, estavam focados num único e inarredável propósito, que era colocar o seu *enfant gâté,* Fernando Collor, no poder, mesmo que para isso tivessem que passar por cima da ética, denegrir e caluniar desabridamente. Mas que, àquela altura, depois de tudo o que já tinham feito, não havia mais nada de terrível ou arrasador que pudessem produzir.

Ele, porém, foi peremptório e procurou encurtar a conversa.

– Olha, Gadelha, eu estou embarcando amanhã pela manhã para o Rio. Realmente não vou poder prosseguir com vocês, mas desejo boa sorte. E fique atento ao que o *JB* vai dizer.

Não consegui entender direito suas razões, mas achei que agia de boa-fé e com transparência, até onde podia ir. Da própria recepção do hotel, liguei para o grupo agendando um café da manhã para avaliações.

No dia seguinte, bem cedo, enquanto relatava a missão frustrada, o deputado Inocêncio Oliveira chegava com o *Jornal do Brasil* debaixo do braço. Não havia absolutamente nada do que preocupava o ministro Oscar Dias Corrêa. Imaginamos que ele havia sido enganado e induzido a erro por alguma cassandra mal-intencionada.

Sem mais delongas, nos abalamos para o aeroporto na esperança de ainda interceptá-lo e esclarecer melhor a situação, à luz daquela edição do *Jornal do Brasil* que agora brandíamos como um trunfo.

Foi em vão. Ele se mostrava cada vez mais determinado.

Mostrei-lhe o jornal de capa a capa, assinalando sempre que não havia sequer fumaça daquela malsinada matéria que tanto o preocupava, e que tudo, por certo, não passava de um blefe urdido por adversários do nosso projeto. A única matéria política relevante dizia respeito ao início de uma distensão entre Collor e Sarney.

Ele, porém, foi taxativo:

– Em qualquer circunstância, não posso assumir a causa. Ainda hoje o meu espírito santo de orelhas voltou a emitir sinais... Não posso assumir, mas vou colaborar com uma sugestão: procurem o ministro Pedro Gordilho, que vocês estarão muito bem assistidos.

Pedro Gordilho, advogado brilhante, ex-ministro do TSE, baiano de origem, agradável no trato, tinha uma imagem fortemente positiva e um trânsito inquestionável no meio jurídico. Era também, sem dúvida, uma solução elegante e eficaz.

Procuramos o ministro Pedro Gordilho. Ele engendrou rapidamente uma desculpa e disse que não poderia aceitar, mas sugeria que procurássemos o ministro Xavier de Albuquerque, que ele certamente estaria disponível e seria uma solução acima de quaisquer cuidados.

O ministro Xavier de Albuquerque era, com certeza, igualmente qualificado para aquele desafio em que, em última análise, estava em jogo o destino da nação. Integrava, por assim dizer, o olimpo jurídico do país: ex-presidente do Supremo Tribunal Federal, ex-procurador-geral da República, ex-ministro do TSE, professor emérito de Direito, tratadista, dono de ampla banca de advocacia em Brasília. Amazonense da gema, seu rosto sólido e curtido de caboclo deixava passar uma aura de simpatia e confiabilidade.

Infelizmente, também declinou do convite. Alegou que ultimamente andava afastado do direito eleitoral; que essa área agora estava sendo conduzida pelo seu filho, o qual se encontrava naquele momento nos Estados Unidos, fazendo um curso de extensão; que, portanto, agradecia pela honra da convocação, mas tinha de declinar do convite. No entanto, tinha uma sugestão: que procurássemos o ministro Rafael Mayer, que ele daria conta do recado com a mesma competência ou, talvez, maior que a sua. Encerrou com modéstia.

Aquilo começou a dar nos nervos. Santo Deus, o que estaria acontecendo? Uma tempestade de "espíritos santos de orelhas" havia desabado sobre o Distrito Federal?

O mistério começou a se desvendar em parte após a conversa com o ministro Rafael Mayer.

Luiz Rafael Mayer havia sido presidente do Supremo Tribunal Federal e membro do Tribunal Superior Eleitoral e tinha entre os seus colegas o conceito de "ponderado e firme". Era paraibano, natural da cidade de Monteiro – berço de juristas (de lá saíra o ex-ministro Djaci Falcão, que também presidira o Supremo Tribunal Federal), de músicos como Flávio José e de poetas como Jansen Filho e Pinto do Monteiro, este último possivelmente o maior repentista do Brasil de todos os tempos.

Senti-me em casa, brindado que fui com um sorriso largo, quase familiar, e um abraço generoso, pleno de afeição. Quando comecei a relatar a que vinha, porém, ele foi passando da efusão à consternação.

– Ah, Gadelha, que pena! Seria uma encantadora coincidência, um paraibano defendendo outro paraibano em matéria de tão elevada indagação. Mas não posso aceitar, você sabe, *noblesse oblige*.

– Mas por que, ministro, posso saber?

– É que fui contratado pela outra parte nesse processo. Estou sabendo que eles contrataram muita gente.

– Mas para que, se eles já têm uma equipe muito boa e tão bem referenciada?

– Em princípio, para nada. Pelo menos no que me diz respeito. Fui contratado como consultor, com a recomendação de ficar em *stand by*, podendo ser eventualmente requisitado, em caso de alguma necessidade.

Agradeci, comovido pela franqueza.

De volta à base, após toda aquela *via crucis*, afundei no banco traseiro do carro, aturdido, perplexo e impressionado. *Aquela gente não estava para brincadeiras*, pensei. Eram perfeccionistas, adeptos radicais da lei de Murphy ou paranoicos completos. Tinham, provavelmente, contratado todos os juristas de nomeada, todos os medalhões de direito eleitoral em Brasília, todas as eminências togadas, para não fazer nada, simplesmente para que não pudéssemos contratar ninguém. Não trabalhavam com margem de erro; não deixavam brecha para o acaso, não relaxavam o comportamento obsessivo-compulsivo, focado no resultado.

Fiquei mais calmo; atenuei meus juízos de valor e procurei entender a lógica deles. Afinal de contas, não estavam praticando nenhum ilícito até ali; dispunham de numerário sobrando para quaisquer manobras e estavam contra a parede. Ou melhor, contra o tempo. O jogo estava nos quarenta minutos do segundo tempo. A decisão aconteceria no dia 9, no plenário do TSE. Eles haviam perdido uma batalha crucial – aquela para impedir que Silvio conseguisse uma legenda. Agora não podiam falhar. Aquela era a votação que interessava: a do dia 9, no TSE, não a do dia 15, a da eleição geral, que já eram favas contadas para Silvio.

Fosse como fosse, tomei uma decisão após toda aquela maratona. Não procuraria mais ninguém. De resto, não adiantaria. Voltaríamos a Ernani Gurgel ou repassaríamos o problema para Silvio Santos, a fim de que tomasse as providências que julgasse oportunas – fora de Brasília, naturalmente, porque em volta dos tribunais superiores todos os caminhos estavam interditados.

Silvio, aparentemente, pressentia as nossas dificuldades e já havia iniciado contato em São Paulo com o escritório de Arnaldo Malheiros, um dos mais renomados especialistas em direito eleitoral do país, autor de vários livros e textos básicos, habitualmente citados e referenciados em todo tipo de sustentação ou arrazoado atinente à matéria, Brasil afora. Não era a mesma coisa, mas, indiscutivelmente, uma excelente opção, e, quando narramos os acontecimentos, ele não teve dúvidas em bater o martelo.

8 Prelúdio para um jogo de xadrez

Acrescenta-se que o TSE não era confiável. Àquela época circulava com insistência preocupante o preceito de que "no Brasil não existe direito eleitoral; existe justiça eleitoral", ou seja, a letra da lei não teria nesse segmento específico o mesmo esplendor e solidez que se observavam em outros ramos do Direito e podia ser manipulada mediante interpretações viciosas ou resoluções casuísticas, as mais das vezes contraditórias entre si.

Talvez por causa da fugacidade, ou seja, da natureza efêmera do fato eleitoral, rapidamente atropelado pelo pleito subsequente, portanto, sujeito à caducidade precoce e ao esquecimento; talvez pelas mudanças iterativas no Código Eleitoral e normas conexas; talvez pela falta de referenciais (não havia tribunais eleitorais na maioria dos países democráticos), o TSE era visto como um órgão que tomava decisões necessariamente *ad hoc*, isto é, para produzir efeito enquanto durasse cada caso, sem se preocupar com a permanência dos conceitos expendidos ou com cobranças *ad futurum*. O arbítrio, enfim, era aceito resignadamente e tinha respaldo no senso comum.

Por outro lado, havia um trabalho eficiente de condicionamento da opinião pública para uma eventual decisão abstrusa no caso Silvio Santos. Juristas de nomeada foram selecionados para defender descaradamente uma relativização da lei.

E, finalmente, havia Leitão de Abreu. O todo-poderoso ex-ministro-chefe da Casa Civil dos governos Médici e Figueiredo (segundo Elio Gaspari, o mais poderoso chefe da Casa Civil de toda a história republicana do Brasil) assumiu a coordenação da candidatura Collor junto aos meios jurídicos, incluindo-se aí o próprio Tribunal, com uma convicção férrea e um estilo operacional muito próprio: discreto e extremamente eficaz.

O professor Leitão de Abreu era a mão invisível que movia todas as peças daquele xadrez monumental, e a missão lhe assentava como uma luva. Respeitado pelo extraordinário saber jurídico, experiência administrativa e articulação política, ele tinha ainda a seu favor uma aura especial advinda da própria majestade dos cargos que exercera, entre os quais o de presidente do TSE e vice-presidente do Supremo Tribunal Federal. Uma aura a que, no Nordeste, a gente chama de inhaca do poder.

Gaúcho de Cachoeira do Sul, Leitão de Abreu era oriundo de uma família de classe média. Fez o curso secundário em São Leopoldo, passando depois pela faculdade de Direito de Porto Alegre. Antes, passou algum tempo no seminário. Dessa experiência talvez tenha resultado um gosto especial pela escolástica. Da escolástica, se dizia que "é a arte de refletir e se exprimir em termos precisos sobre ideias vagas". Não por acaso, o professor tinha uma expressão que até hoje desafia a minha compreensão: "Em gnosiologia, o método faz o objeto".

Se a tradução disso pode ser linear, ele agiu sempre ao longo da vida e naquele quebra-cabeça específico da candidatura Silvio Santos com disciplina e sistematização, de modo a que todas as variáveis envolvidas cercassem e não deixassem escapar o fim colimado ou, em última análise, o construíssem. Em suma, um perfeccionista.

Nada poderia dar errado, e ele usaria todas as variáveis ao seu alcance para levar a bom termo a sua missão. A começar pela sua rede de relacionamentos; pela imensa *network* que tecera ao longo de seus misteres e que abrangia particularmente todos os envolvidos, direta ou indiretamente, com o processo decisório que culminaria no dia 9, com o julgamento – e com os quais podia interagir em graus que variavam da amizade pessoal à subordinação, passando pela colaboração funcional, com o correspondente *esprit de corps*.

Assim, o ministro Francisco Rezek, presidente do TSE, havia sido seu assessor no tempo da Casa Civil no governo Médici e, posteriormente, foi nomeado para o Supremo Tribunal Federal por indicação sua. Rezek presidiria a sessão do julgamento do registro da candidatura de Silvio Santos.

As perguntas que nos assaltavam os ouvidos e a imaginação com frequência eram estas: Por que o ministro Leitão de Abreu morre de amores pela candidatura Collor de Mello? Como atuava ou que argumentos usava?

Certamente não eram razões de ordem material que moviam o ministro. O seu desapego a bens dessa natureza, o seu desprendimento, o estilo morigerado – quase espartano – de vida, o temperamento avesso à fruição das delícias do poder nunca foram desmentidos ou sequer confrontados com sinais exteriores de riqueza. Pouco provável que cogitasse ainda de participação em um eventual governo Collor. Então, o quê?

Três hipóteses emergiam, todas elas bem plausíveis. Primeiro, ele acreditava piamente que Fernando Collor, no vigor de seus 40 anos, carregado de virtudes morais e ideais puros, nutrido de apoio popular, aclamado pelas multidões, era uma virada histórica na política brasileira, toda ela marcada pela corrupção, o atraso e o subdesenvolvimento. Em seguida, ele achava que Fernando Collor, pelo figurino autoritarista que trajava, podia ser um filho temporão e moderno do Movimento de 64, com a retomada civil e seus pressupostos. Finalmente, ele entendia que a permanência de Silvio Santos na disputa era mortal para Collor e, em um segundo turno, com Lula ou Brizola, a esquerda unificada poderia chegar ao poder – ideia que o repugnava, não por preconceito ideológico ou de fundamentação doutrinária, mas por razões práticas: aquele ano de 1989 marcava o fracasso do socialismo real em todos os países em que havia sido adotado.

A posição do dr. Leitão provavelmente se estribava em um conjunto dessas três premissas. Mas essas eram razões de foro íntimo, para uso próprio ou *pro domo sua,* como dizem os acadêmicos. Com relação aos circunstantes envolvidos na dispensação da justiça, não se sabe que linguagem teria usado. Que fatos foram aduzidos, que elementos novos foram trazidos à colação. Como não se sabe e nunca se saberá – e essa preciosidade há de se perder no tempo – qual foi a linha de argumentação, qual foi o método de persuasão empregado pelo dr. Leitão para tornar verdadeiras razões sabidamente inconsistentes. Talvez a escolástica... Até porque cada caso é um caso e cada conversa é uma conversa.

9 Viagem a Canossa

Às vésperas do julgamento, a tensão emocional tornou-se desmedida e envolvia todos os agentes políticos.

Como vinagre na ferida, os jornais publicaram, com lapso de quase uma semana, detalhes de uma conversa pessoal entretida pelo dr. Roberto Marinho com o presidente Sarney, no Palácio da Alvorada, em que o cacique da Globo mostrava todas as travas da chuteira e não deixava dúvidas de que estava disposto a tudo para consumar o único desfecho que admitia de todo aquele imbróglio: o fim da candidatura de Silvio Santos.

Em tom ríspido, Roberto Marinho deu um ultimato curto e grosso, dispensou os cumprimentos de despedida e fez reativar-se um herpes labial de fundo nervoso no presidente.

– Você tem 24 horas para convocar uma cadeia de rádio e TV e provar que não tem nada a ver com a candidatura daquele camelô!

Em vão, Sarney tentou explicar sua posição:

– Dr. Roberto, eu estou distante desse pleito, mas não precisei dizer isso em relação a qualquer um dos 22 candidatos. Não poderia ser específico em Silvio Santos. Os meus ministros estão sendo respeitados em suas escolhas, que são variadas. ACM apoia o maior inimigo do meu governo; a Dorothea Werneck, do Trabalho, e o Maílson da Nóbrega, da Fazenda, apoiam o Covas; Ronaldo Costa Couto, do Gabinete Civil, está com Ulysses, e João Alves, do Interior, com Silvio Santos. Quanto à opção dos senadores Lobão, Gadelha e Hugo Napoleão, creio que se deu por questões regionais, já que os seus adversários se alinharam com outros candidatos. O senhor sabe, a vida é um fato local...

Transcorridas as 24 horas, Marinho assumiu o rompimento unilateral e declarou guerra por todas as trombetas sob seu controle. Instruiu Fernando Collor a usar os adjetivos mais abjetos e orientou suas equipes multimidiáticas a bombardear, sem piedade, o presidente Sarney; aliás, "o senhor José Sarney", já que o título nobilitante lhe seria confiscado a partir daquele momento.

A conversa acontecera na noite do dia 2 de novembro, portanto no Dia de Finados. Se fosse trazida a público no dia seguinte, daria uma preciosa manchete: "Réquiem para uma grande amizade". Mas foi mantida em segredo pelas partes e só foi revelada bem depois, pelo *Jornal da Tarde*, matutino paulista da família Mesquita. É de se supor que o vazamento e a escolha do veículo tenham sido decididos pelo próprio Roberto Marinho como estratégia para intensificação do clima psicológico e para que todos soubessem (inclusive o Tribunal) até onde ia a sua vontade. Além do mais, ficava bem que tudo parecesse jornalismo investigativo – era uma forma de mostrar que Roberto Marinho era capaz de emitir ameaças sem fanfarronar e sem bravatear.

Essa situação engendrava, para nós no campo oposto, uma nova ordem de preocupações. É claro que a ninguém ocorria que o presidente Sarney se deixasse intimidar ou abandonasse a sua postura firme, serena e isenta na condução do processo eleitoral. Tampouco que viesse a se assustar ante a fúria persecutória, a avalanche de ataques e a insinuação de malefícios à sua imagem, ao seu governo e à sua família e, muito menos, que pudesse, premido pelas circunstâncias, ser usado ou induzido por quem quer que fosse para influenciar outro poder, a qualquer propósito. Entretanto, aquele episódio inusitado revelava que a ansiedade do dr. Roberto chegara a um pico de agudização difícil de controlar.

Por outro lado, impressionava a desenvoltura como Roberto Marinho peitava as instituições representadas pelo chefe do Poder Executivo. Teria ele a mesma audácia em relação aos membros do TSE? Tentaria por qualquer meio ou modo se imiscuir nos procedimentos e instâncias decisórias da Corte?

Pelo sim, pelo não, Silvio me chamou a São Paulo no dia 7 de novembro. Parecia confiante, mas nem por isso menos realista.

– Marcondes, estou convencido de que não chegaremos a bom termo se não conseguirmos pelo menos acalmar o dr. Roberto. Conheço a fera. Ele joga duro, mas é capaz de grandes gestos. Precisa apenas acreditar que eu não serei nenhum contratempo às suas organizações e que, em meu governo, ele terá o mesmo tratamento que teve ao longo do governo Sarney, ou até melhor. Afinal, também sou cria da casa. Acho fundamental que você vá ao Rio ter uma conversa com ele. Pode ser decisivo, e se nada acontecer nós ficamos no mesmo capital. Não temos nada a perder.

Eu não acreditava em nada daquilo e, a bem da verdade, não acreditava sequer que o dr. Roberto se dispusesse a me receber. Era como empreender uma viagem a Canossa[10], mas, para minha surpresa, o agendamento foi fácil. Eu seria recebido no dia seguinte, às 12 horas.

---

10 Expressão corrente que significa iniciativa frustrante, decepção ou humilhação. Alusão à famosa viagem a Canossa que o imperador Henrique IV, do Sacro Império Romano-Germânico, teve de empreender, desde Speyer, na Alemanha, até o Castelo de Canossa, na Itália, para pedir ao papa Gregório VII o levantamento da sua excomunhão, decretada no curso de uma disputa política envolvendo a chamada "Controvérsia das Investiduras", entre a autoridade da Igreja e aquela do poder secular. Henrique IV teve de esperar três dias e três noites, ao relento, às portas do castelo, exposto ao frio e à neve, para ser recebido pelo papa, de joelhos e descalço. (N. do A.)

Dia 8, bem cedo, enquanto se ultimavam as providências com o jatinho que nos levaria ao Rio de Janeiro, fomos eu e o senador Odacir Soares tomar o café da manhã com o presidente da Federação das Indústrias do Estado de São Paulo (Fiesp), Mario Amato, de quem recolhemos um dos mais categóricos e alvissareiros informes de toda a campanha:

– Se vocês conseguirem o registro amanhã no TSE, eu e todos os empresários que me ouvirem estaremos apoiando e terçando armas em favor de Silvio Santos.

Tomei aquela manifestação como um bom presságio para o resto do dia, mas nos atrasamos para o voo e, ao chegar ao Rio, deparamos com uma multidão de jornalistas e ficamos literalmente encurralados. Não havia meio polido ou minimamente aceitável de nos desvencilharmos daquela turba, sobretudo do pessoal da televisão, que alegava a inexorabilidade dos horários dos noticiários e barrava a passagem com um piquete de câmeras.

Saí dali atordoado, imaginando que a viagem estava perdida e calculando as consequências. Já passava do meio-dia e ainda tínhamos um bom trecho a vencer até a Globo, no Jardim Botânico. Dr. Roberto, àquela altura, já deveria ter ido embora e deixado um contínuo à porta para nos receber, com um discurso chapado e indignado, do tipo: "Dr. Roberto tem mais o que fazer. Ele costuma respeitar o tempo dos outros e exige que o dele também seja respeitado. Não precisam se explicar. Passem bem".

De fato, a responsabilidade era toda nossa. Odacir parecia tranquilo, mas eu, no íntimo, me recriminava. Perder um debate, não obter resultados em uma conversa, era perfeitamente compreensível. Mas faltar ao compromisso, ou melhor, àquele compromisso, me parecia uma demonstração de inépcia insuportável.

Eu estava tão envolvido com aquele cenário catastrófico que mal percebi a chegada e a moça que nos esperava com um sorriso gentil:

– Sejam bem-vindos. Fizeram boa viagem? O dr. Roberto está esperando pelos senhores; queiram me acompanhar, por favor.

Respirei aliviado e lembrei Dale Carnegie: "67% das suas preocupações nunca se materializam". Não sei de onde raios ele extraiu aquele número cabalístico (67%), mas dei três vivas ao pragmatismo americano.

Na antessala do dr. Roberto, outro grupo de jornalistas se comprimia querendo antecipação da conversa. Fomos socorridos pelo próprio chefe global. Ele mesmo abriu a porta e nos fez entrar, acenando aos jornalistas que aguardassem o fim da audiência. Estava extremamente afável e cordial, mas abriu a conversa num tom enigmático:

– Senador, já sei o que veio fazer aqui, mas, antes de o senhor falar, me permita ler esta carta que escrevi ao Júlio Mesquita, a propósito de uma matéria desvairada, publicada no *Jornal da Tarde*, onde se diz que eu chamei Silvio Santos de camelô e destratei o presidente da República.

Sacou então os papéis do bolso do paletó e procedeu à leitura, com modulação que me pareceu estudada – inicialmente sóbrio, depois incisivo e por fim quase emocionado. Essencialmente, desmentia tudo, asseverava respeito a Silvio e a Sarney, aludia ao compromisso do jornalismo com a verdade e insinuava sensacionalismo da parte dos autores, incluindo o pessoal da redação e os editores.

– O que o senhor gostaria que fizéssemos com esse texto? – perguntei.

Odacir foi mais direto:

– Poderíamos ler na tribuna e pedir registro nos anais do Senado. É um documento histórico da maior relevância.

– Não – disse o dr. Roberto. – Manda a boa ética que aguardemos que o próprio Júlio Mesquita mande publicar. É dever dele e direito meu que esta carta tenha o mesmo destaque da matéria original. Caso ele não publique, eu lhes darei uma cópia e os senhores estarão autorizados a fazerem o uso que julgarem conveniente. Agora vamos ao objeto da visita.

Informei que estávamos ali a pedido do próprio Silvio Santos e que a visita deveria ser entendida em primeiro lugar como manifestação do apreço e da admiração que o nosso candidato nutria por ele e pela sua obra; pela fantástica realização que era o sistema Globo, possivelmente o maior patrimônio cultural do povo brasileiro. Deixei claro, em suma, que Silvio era digno de sua confiança.

Em seguida, procurei mostrar como uma cooperação entre os dois poderia ser fecunda para o interesse público; como a relação com um eventual governo Silvio Santos poderia ser construtiva e inspiradora para o povo brasileiro, não só pela força descomunal, mas pelo exemplo de superação de divergências e profícua convivência democrática.

Ele entendeu aonde eu queria chegar e atalhou rapidamente.

– Senador, quero que o senhor saiba da admiração e do carinho que tenho por Silvio Santos. Lembro de sua passagem por esta casa; de todos os quadros que protagonizou; do talento extraordinário que sempre demonstrou e da saudade que deixou, não apenas na direção, mas em todos os colegas e funcionários. Quando saiu daqui, demonstrou ainda mais competência ao se consolidar como empresário e implantar um sistema de comunicações de abrangência nacional. Tudo isso por conta exclusivamente de sua inteligência e força de vontade. Tenho certeza de que poderia ser um grande presidente da República.

Olhei discretamente para Odacir, que parecia tão perplexo quanto eu. Roberto Marinho prosseguia, impávido:

– Muita gente pensa que tento influenciar o Tribunal contra Silvio Santos. Não tenho esse poder, e, se tivesse, não o usaria. O Poder Judiciário brasileiro tem-se caracterizado pela independência e isenção. São homens de atitude moral exemplar, absolutamente refratários a qualquer investida menos lícita e a pressões indevidas. Veja-se, por exemplo, o comportamento do Supremo durante o regime militar; quantas vezes decidiu contra os interesses dos generais. Essa tradição se estende aos demais tribunais, de modo que os senhores podem ficar tranquilos. Amanhã devo publicar um editorial em *O Globo*, afirmando todas essas coisas e esclarecendo definitivamente a minha posição. Por favor, transmita ao Silvio meus melhores sentimentos.

Estávamos saindo quando ele disse:

– Vamos fazer uma foto e registrar este nosso encontro.

Chamou um fotógrafo e mandou disparar três vezes sobre o nosso abraço. Evidentemente, aquilo não nos convencia nem comovia. Afinal, por que tanta amabilidade e tão boas intenções além da conta? Infelizmente não havia tempo para elucidações, pois já estávamos atrasados para um almoço com os irmãos Bloch, na revista *Manchete*, e ainda teríamos um encontro com Marcos Sá Corrêa, editor do *Jornal do Brasil*, outro ferrenho opositor da nossa candidatura.

A conversa com os Bloch foi amena e reconfortante. Eles nos confirmaram apoio incondicional. Com Marcos Sá Corrêa, como sempre, a interlocução foi áspera e tempestuosa. Ele me questionava como, tendo sido um membro do "grupo autêntico" do MDB, "o núcleo mais puro da história política recente do país", eu me prestava a "uma aventura daquela natureza". Repliquei que não tinha por que me recriminar – Silvio era um homem honesto, íntegro, empreendedor, dinâmico. Soltei todos os adjetivos positivos que estavam estocados no peito. Disse a ele, ainda, que muita gente não assumia que a agressividade contra Silvio Santos era apenas preconceito, pelo fato de ele ser um apresentador de televisão.

– Pois eu assumo – disse ele. – Eu tenho preconceito contra apresentador de TV na política. Fica melhor no palco. A presidência não é lugar de gracinhas.

Aleguei que não eram necessariamente a veia artística ou a empatia com o público que estavam em jogo, mas a experiência administrativa e o senso de responsabilidade social. Do contrário, Roberto Carlos, Faustão, Ayrton Senna ou Xuxa estariam igualmente aptos para a função pública no seu mais elevado escalão.

Lembrei do caso de Ronald Reagan, que havia tirado os Estados Unidos do buraco onde o bom-moço Jimmy Carter os havia jogado. Lembrei que Lula nunca havia administrado sequer uma bodega.

– Mas têm experiência sindical. Aliás, os dois têm essa experiência. E liderança sindical, você sabe disso, é uma forma intensiva de liderança política.

– Pelo lado da demanda e de forma muito bem setorializada – disse eu. – Habilidade no questionamento não pressupõe necessariamente eficiência administrativa. Mas isso é outra história; até porque ninguém duvida da legitimidade da postulação de Lula, nem sequer da de Marronzinho. Não me conformo é com essa carga de artilharia iterativa contra a candidatura Silvio Santos.

E, mais explícito, reclamei da maneira passional e facciosa como o *Jornal do Brasil* vinha conduzindo a matéria em suas páginas.

– Não seja por isso. Se você quiser, chamo um repórter agora mesmo e você dá uma entrevista completa e coloca os pingos nos is; diz o que quiser, inclusive contra o *Jornal do Brasil*, se achar conveniente.

Pela primeira vez em toda a campanha, me deixei levar pela mágoa e disse:

– Não aceito.

– Por quê? – perguntou ele.

– Porque vocês vão deturpar tudo e depois publicam uma notinha de rodapé confundindo ainda mais e misturando "Manoel Germano" com "a mãe do gênero humano".

– E o que você quer, então?

– Quero o rádio. Você me assegura um espaço na rádio *Jornal do Brasil*, porque aí eu sei que a mensagem que chegar ao público será aquela efetivamente emitida por mim, sem o viés e a contaminação do veículo.

– Pois eu lhe asseguro uma entrevista na rádio JB para amanhã – disse Marcos Sá Corrêa, e iniciou as providências para tal. Parecia apenas uma forma de encerrar a conversa, mas ele cumpriu de fato o compromisso, e a entrevista aconteceu no dia seguinte – e não foi menos tempestuosa.

Aquela conversa com Marcos Sá Corrêa me deixou estomagado – pelo respeito e admiração que lhe votava, pela elegância e racionalidade dos seus textos e por considerá-lo, enfim, um dos jornalistas mais brilhantes de sua geração. De qualquer forma, compareci à entrevista na rádio, e a primeira pergunta já foi uma provocação:

– Por que chamam vocês de "Os Três Porquinhos"?

– Certamente porque somos pequenos. Eles, que são grandes, devem ser os quatro porcões.

– Eles quem?

– Eles, os donos dos grandes jornais: Nascimento Brito, Roberto Marinho, Otávio Frias e Júlio Mesquita; nos arranjaram esse apelido chinfrim reservando para eles mesmos as graduações mais elevadas no ranking do comportamento suíno. E procuram deturpar e denegrir, sem o menor respeito à opinião pública, como se a cabeça do povo fosse a sua pocilga, onde rolam e se revolvem.

A entrevista foi interrompida de imediato logo aí, sem a menor preocupação de dourar a pílula. Entrou música, noticiário policial e coisas do gênero, sem sequer uma falsa justificativa. Compreensível. Posso ter me excedido. Mas uma pitada de altivez, de vez em quando, não faz mal a ninguém.

10
Sete homens e uma sentença

Quando saí da emissora, ainda estava intrigado com os acontecimentos da véspera. Tinha de retornar a Brasília, mas resolvi passar primeiro na casa de Silvio Santos, no Morumbi, para fazer um relato mais circunstanciado da conversa com Roberto Marinho. Ele ouviu atento, sem maiores expectativas. Ao final, agradeceu, disse que tinha valido a pena, "quando menos como desencargo de consciência", frisando, porém, que ante um interlocutor tinhoso daquele calibre, era preciso manter sempre os dois pés atrás.

Mais alvissareiro e assertivo foi um telefonema que ele recebeu, por volta das 14h30, do dr. Arnaldo Malheiros, assegurando que o registro seria obtido. Seus olhos brilharam, enfim, e uma aura de contentamento vestiu o seu semblante.

Aquilo me fez bem, igualmente, e segui para o aeroporto, com a cabeça já operando em modo "otimismo moderado". *Alea jacta est*, pensei.

De qualquer forma, uma vez acomodado no voo de volta ao Distrito Federal, procurei organizar os pensamentos com calma e processar os dados de que dispunha para avaliar, objetivamente, as nossas chances na intrincada contenda jurídica que estava por vir. É que logo, logo estaria sendo aberta a sessão do TSE que decidiria os destinos do país pelos quatro anos seguintes. A conclusão mais imediata era também a mais óbvia: se Silvio fosse registrado, iria para o segundo turno e seria eleito presidente do Brasil. Simples assim. Aquela sessão do Tribunal seria uma espécie de final antecipada de todo o pleito, no nosso entendimento.

E, a julgar pela enxurrada de impugnações ao registro, parece que aquela convicção não era só nossa. Uma espécie de furor impugnativo havia tomado conta de determinadas instâncias – Ministério Público, partidos políticos, coligações, entidades de classe, advogados, juízes e mesmo cidadãos comuns, isoladamente ou em grupos.

A ânsia, a tropelia e o açodamento em certos casos chegavam a ser risíveis, havendo mesmo quem tivesse enviado suas alegações e petições por telex, o que evidentemente não podia sequer ser recebido, nos termos de jurisprudência da própria Corte. Ao todo foram apresentadas 17 impugnações, das quais subsistiram 7, por razões de técnica jurídica, sendo então descartadas 10, por absoluta ilegitimidade de parte.

O conteúdo, por outro lado, oscilava, às vezes, entre o bizarro e o estapafúrdio. Houve, por exemplo, quem contestasse a própria nacionalidade de Silvio Santos, que o país todo sabia nascido na Travessa Bem-te-vi, número 15, no bairro da Lapa, no Rio de Janeiro; ou, pior ainda, houve quem lhe atribuísse um perfil ideológico abstruso, como se fosse ele uma quimera étnica ou mesmo biológica – assim, de acordo com um dos textos, Silvio seria, pasme-se, um "judeu nazista".

No essencial, porém, no que importava, as impugnações convergiam num ponto: a afirmação de que Silvio Santos não podia ser candidato por ser dono do SBT e não ter se desincompatibilizado da sua condição, nos três meses que antecediam o pleito, conforme exigia a legislação em vigor. Invocava-se, entre outros dispositivos, a Lei Complementar nº 5, de 1970, que no seu artigo 1º, inciso II, alínea d, dizia serem inelegíveis "os que tenham exercido, nos três meses anteriores ao pleito, cargo ou função de direção, administração ou de representação em empresas concessionárias ou permissionárias de serviço público".

"Menos mal", suspiravam os nossos advogados.

Porque, a rigor, Silvio não se enquadrava em nenhum desses impedimentos. Ele não era diretor, administrador nem representante do SBT. Havia se afastado de qualquer cargo ou função de mando no SBT já em 1988, quando seu nome havia sido cogitado para disputar a eleição para prefeito de São Paulo. A propósito, eu tinha comigo cópia de certidão extraída do Cartório Medeiros, do 4º Registro de Títulos e Documentos, em São Paulo (Rua Miguel Couto, 44), dispondo sobre o contrato social da empresa e devidamente anexada aos autos, mostrando claramente que Senor Abravanel era o acionista majoritário, mas que, diz a certidão, "a sociedade é administrada por Eleazar Patrício da Silva" (o outro cotista), isoladamente, ou por Guilherme Stoliar, por delegação de Patrício, sendo a eles conferidos "amplos e plenos poderes para praticar todos os atos normais de administração e de gerência, na defesa dos interesses da sociedade, em juízo ou fora dele".

A força ineludível daquele documento me tranquilizava. Ainda assim, os impugnantes e seus prepostos na imprensa buscavam alguma forma de enquadrar Silvio nas vedações da lei e pediam uma "interpretação extensiva" dela; ou seja, um elastério de razão ou de entendimento que nivelasse o acionista majoritário com a figura do diretor, administrador, representante ou coisa que o valha, desde que, naturalmente, aquilo servisse à denegação do registro da candidatura.

Os mais versados em hermenêutica diziam que textos restritivos de direito, como é o caso do inciso e alínea apontados, não pode ter interpretação elastecida. Ao contrário, quanto mais drástico fosse o dispositivo, tanto mais apegado à letra fria da lei deveria ficar o julgador. Daí para menos, nunca para mais.

Nós, em paralelo, tratávamos aquela pretensão de maneira um tanto prosaica, para não dizer irônica. Aquilo seria apenas o chamado *"jus sperniandi"* – gíria usada jocosamente entre advogados para significar o inconformismo ou a fuga à racionalidade ante uma causa perdida. A propósito, o dr. Paulo Goyaz, advogado brilhante e nosso coordenador em Brasília, fazia uma pergunta que era uma objeção curiosa àquela proposta descabida: como poderia Silvio Santos se desincompatibilizar da condição de acionista majoritário? Vendendo as ações? A lei não estabelecia provisão para tal.

A depender do direito, portanto, para nós, a vitória na lide e o registro final eram favas contadas. Inferência direta: Silvio não era diretor, administrador nem representante legal do SBT. Ponto, parágrafo. O Tribunal faria o cotejo desse fato absolutamente verdadeiro com a letra da lei, a evidência saltaria aos olhos e a improcedência das impugnações seria proclamada. Ponto final.

Além do mais, estávamos muito bem assistidos do ponto de vista jurídico. Ao renomado mestre Arnaldo Malheiros se juntavam, agora, Francisco Octavio de Almeida Prado e Joel Pereira de Moura, igualmente juristas e tratadistas, com larga militância nos tribunais e amplo reconhecimento entre os seus pares. Os três compunham o quadro de defensores de Silvio Santos e, em paralelo, o PMB de Armando Corrêa havia contratado os serviços do escritório do dr. Carmino Donato Jr., consagrado eleitoralista com banca estabelecida em Curitiba, no Paraná. Eles, por certo, manejariam com segurança e competência os instrumentos de defesa e, na hipótese de algum resultado adverso, estariam de prontidão para entrar com recursos no Supremo Tribunal Federal.

Mas por que "a hipótese de um resultado adverso"? Nós sempre deixamos transparecer uma certeza absoluta da vitória; estávamos com o bom direito e tínhamos uma equipe excepcional de advogados. Por que, então, "a hipótese de um resultado adverso" não nos abandonava? E por que, mesmo ali no avião, me atormentava, como um fantasma sentado ao meu lado?

A razão era bem concreta: o resultado poderia não depender só do direito. Ou seja, aquela não seria necessariamente uma questão *juris tantum,* uma questão só de direito, para usar o jargão pomposo dos causídicos.

Com efeito, bem antes do encaminhamento das impugnações e contestações ao TSE, a imprensa já alardeava que aquela Alta Corte estaria determinada a negar o registro da chapa Silvio Santos– Marcondes Gadelha, em qualquer circunstância. E a lógica por trás desse enunciado era rasa e implacável: dizia-se, sem muito pudor, que a "comunidade de informações" havia calculado que, àquela altura, o grupo de empresários comprometidos com a candidatura Collor de Mello, em que se incluía o sr. Roberto Marinho, já havia investido cerca de 140 milhões de dólares na campanha e que em nenhuma circunstância iria permitir que Silvio Santos ou qualquer "arrivista" lhes arrebatasse o pirulito, fosse qual fosse o pretexto, principalmente se tal pretexto fosse um mero e ingênuo formalismo jurídico. Assim sendo, os agentes de dispensação ou dicção do direito teriam de encontrar uma solução qualquer que ajustasse os fatos àquela realidade preternatural. Ou seja, Silvio Santos teria de ser impedido de qualquer maneira, custasse o que custasse.

A partir daí, toda sorte de expediente era utilizada para pressionar o colendo colegiado e ao mesmo tempo justificar a sua decisão contra Silvio. Editoriais virulentos (com o pedido de impugnação devidamente verbalizado, é claro); artigos encomendados, sinalizando a tendência incoercível do Tribunal para a impugnação; entrevistas com luminares do direito dando suporte acadêmico; declarações avulsas e até telegramas de eleitores "aflitos" ganhavam espaços generosos nos jornais.

Cite-se, a propósito, pela insolência e pela centimetragem obtida no *Jornal do Brasil,* o telegrama de um cidadão de Niterói chamado Werner Kubelka (físico, pintor e programador visual de relativa projeção), dirigido ao próprio presidente do Tribunal, Francisco Rezek, e vazado nestes termos: "Excelentíssimo Senhor Ministro; no caso de ser aprovada a candidatura de Senor Abravanel, eu e minha família votaremos no Marronzinho". Como se a Rezek assistisse algum interesse no desfecho do processo eleitoral ou tivesse ele o dever de influenciar o voto dos seus colegas e impedir Silvio Santos de qualquer maneira.

A bem da verdade, Rezek não se empenhava em desmentir ou desestimular aqueles excessos do imaginário popular, que o situavam como simpático à causa da impugnação. Às vésperas do julgamento, por exemplo, ele fez um elogio desnecessário ao procurador-geral eleitoral, Aristides Junqueira, que foi largamente celebrado pelos arautos da impugnação. Ressaltava a "neutralidade" de Junqueira, que há muito já tinha exposto seu *parti pris* e não escondia a sua posição obstinada, quase agressiva, contra a candidatura Silvio Santos.

Mais preocupante que tudo, porém, era verificar que Rezek era discípulo amado e ex-assessor especial do ministro Leitão de Abreu e fora por ele nomeado para o Supremo Tribunal Federal, em ato do presidente João Figueiredo.

Esse ponto do enredo ficava mais delicado quando se considerava que, além de Rezek, Leitão tinha ascendência sobre pelo menos mais quatro dos seis ministros restantes – Antônio Villas Boas Teixeira de Carvalho, o relator do feito; Sydney Sanches, Antônio Gallotti e Romildo Bueno. Fosse pela influência direta em suas nomeações, fosse pela convivência fraterna nos tribunais, em algum momento de sua carreira aqueles senhores tinham se beneficiado de algum gesto daquele que fora o mais poderoso chefe da Casa Civil em toda a história do Brasil, atuando em pleno fastígio do regime militar como titular da pasta com dois presidentes: Emílio Garrastazu Médici e João Baptista Figueiredo.

Acrescente-se, de passagem, que o ministro relator, Antônio Villas Boas Teixeira de Carvalho, era advogado da estatal Telebras, portanto, subordinado ao ministro das Comunicações, Antônio Carlos Magalhães, outro porta-estandarte da campanha de Fernando Collor e ferrenho adversário da candidatura Silvio Santos. Além do mais, havia sido nomeado para o TSE pelo presidente Figueiredo, ouvido, naturalmente, o ministro Leitão de Abreu.

Assim, teoricamente, apenas dois ministros seriam mais refratários à influência direta do ministro Leitão: Roberto Rosas, nomeado por José Sarney, e Miguel Ferrante, o "decano"[11], então com 69 anos.

Ocorre que o professor Leitão de Abreu, como era muitas vezes referenciado, tinha uma noção muito pessoal e precisa sobre a natureza do poder, seus usos e a forma de manejá-lo. Jogava duro e não fazia concessões. Nós sabíamos que, de uma forma ou de outra, ele tentaria completar a sua missão.

Habitualmente discreto, sóbrio, meticuloso e avesso a holofotes, ele costumava agir nos bastidores, com habilidade, firmeza e eficiência fora do comum. Mas, naquele caso, tinha-se dispensado dos seus hábitos e revelado sua posição abertamente e sem reservas, em diversas ocasiões. Em uma delas, chegou a abrir mão da civilidade que lhe era própria para afirmar: "Eles não têm autoridade moral para recorrer ao Supremo". "Eles", no caso, éramos nós: Silvio Santos e seus aliados.

O ministro emitia assim um juízo temerário e irresponsável sobre o estofo ético dos seus "contendores" e ainda dava como resolvido o assunto no TSE, cuidando já de coibir qualquer apelo ao

---

11 Não existe a figura do decano no TSE. Cada ministro é designado para um mandato fixo de dois anos, prorrogável por mais dois. A palavra foi usada em alusão à maior experiência do ministro, atribuível pela idade. (N. do A.)

Supremo Tribunal Federal. Creio que aquela desenvoltura não lhe maltratava a consciência. Não custa lembrar que o dr. Leitão havia escrito em 1965 um ensaio com um título bem sugestivo: "A Função Política do Judiciário", em que, entre outras coisas, se diz que "o prazer estético das elegâncias teóricas, doutrinárias ou hermenêuticas não pode de maneira alguma levar o juiz a esquecer o caráter prático ou político da sua função".

O fato é que o poder e a posição política de Leitão de Abreu eram inquestionáveis. A disposição de usar tudo isso tampouco era segredo. E a sua imensa rede de relações sociais também o ajudava em suas cruzadas. Não é impossível, por exemplo, que o misterioso "espírito santo de orelhas" a que se referia Oscar Dias Corrêa, e que o dissuadira de patrocinar a nossa causa, tenha sido o próprio ministro Leitão de Abreu, em razão da proximidade que cuidavam de preservar os dois, desde os bons tempos no Supremo Tribunal Federal. Assim como não é impossível que tenha sido articulada por ele a renitência dos ex-ministros Rafael Mayer, Pedro Gordilho e Xavier de Albuquerque em aceitar um contrato para defender Silvio Santos.

Finalmente, para remate de males, Leitão podia estar consorciado com Roberto Marinho no monitoramento e pressão sobre o TSE, pelo vínculo que se estabelecera entre os dois ao tempo da ditadura militar. Tão forte era esse vínculo que Marinho chegara a vetar a cobertura da campanha das Diretas Já (talvez o episódio mais envolvente da transição democrática) pela Rede Globo para atender a uma recomendação do seu amigo, contrariando o entendimento dos seus executivos e colocando a emissora em posição delicada perante a opinião pública, com risco para a sua credibilidade e até com a possibilidade de danos financeiros.

Leitão de Abreu e Roberto Marinho trabalhavam em perfeita sinergia. E sincronia. Reforçavam-se mutuamente em suas ações e trocavam informações de forma continuada, o que tornava a dupla ainda mais temível, considerada já a capacidade operacional de cada um – era o poder descomunal de que dispunham, manifestado na infiltração e na manipulação já em curso e na determinação para ir às últimas consequências.

Aquilo, porém, curiosamente, abria para mim uma nesga de esperança – ou, pelo menos, me dava um gancho para *wishful thinking*. É que, na véspera, dia 8, tinha acontecido no tribunal uma reunião a que os ministros chamavam de "administrativa" e que se destinava a aferir a posição de cada um e eventualmente fixar por antecipação os rumos do grupo para o dia seguinte. Dela participaram, também, o procurador Aristides Junqueira e o diretor do Tribunal, Sebastião Duarte Xavier. Dizia-se que a sorte de Silvio Santos estava sendo selada ali, e os mais alarmistas até diziam que Rezek havia construído um pacto entre os ministros, pelo qual não se deixaria margem para recursos ou mandados de segurança no STF.

Ocorre, para certo alívio meu, que aquela reunião acontecera no exato momento em que nós estávamos com o dr. Roberto Marinho, em sua sala, no Rio de Janeiro.

Lembrei-me, ato contínuo, da surpresa que havíamos tido, eu e o senador Odacir Soares, com as cortesias, as gentilezas, as deferências e os ademanes do dr. Roberto. Como podia ser aquele homem tão atencioso e sensível? Afinal, os inimigos não mandam flores, e muito menos recebem com buquês.

Ali, agora, sentado na segunda fila daquele voo, eu achei que tinha chegado a uma explicação. Aliás, a única plausível, a única com alguma razoabilidade e importância para nós: o dr. Roberto, que acompanhava o andar da carruagem e monitorava milimetricamente os movimentos do TSE, sabia que, naquele momento, na tal "reunião administrativa", ao contrário do projetado, a situação estava indefinida – informação que obtivera diretamente de seus contatos entre os ministros ou, mais copiosa e adequadamente, por meio do professor Leitão de Abreu.

O fato é que, naquele instante, o processo decisório ainda não estava totalmente sob controle, como seria de se esperar. É possível que, entre os afilhados do dr. Leitão de Abreu, houvesse ainda algum recalcitrante ou que não se tivesse conseguido, até então, sensibilizar os que postulavam um julgamento estritamente jurídico.

De qualquer forma, seria mais prudente ou pelo menos mais pragmático para o dr. Roberto Marinho não fechar as portas completamente para Silvio Santos. E assim ele havia procedido. A súbita tolerância para comigo e para com o senador Odacir Soares sinalizava fortemente nessa direção.

E o que me pareceu a contraprova cabal e definitiva, corroborando todo esse entendimento, eu encontrei ali mesmo naquele voo entre São Paulo e Brasília. É que, vasculhando as leituras de bordo que as companhias aéreas disponibilizavam, encontrei a edição daquele dia 9 de novembro do jornal *O Estado de S. Paulo*; e lá estava, no alto da terceira página – portanto, com o destaque exigido –, a carta do dr. Roberto Marinho para o dr. Júlio de Mesquita Neto. Aquela que, na véspera, ele lera para mim e para Odacir. Na carta, em que reconhece méritos em Silvio Santos, Marinho nega categoricamente que em qualquer momento o tenha destratado com qualificativos menos nobres, reafirma sua amizade a Sarney e, por fim, critica o próprio jornal do dr. Júlio por publicar "matéria fantasiosa e absolutamente improcedente".

Caramba! Belisquei-me a ver se não estava sonhando. O que significava aquilo? *Então ele cumpriu a palavra,* pensei, estupefato. Na verdade, jamais acreditei que o dr. Roberto enviasse aquela carta e muito menos que o dr. Júlio a publicasse. Principalmente se tivessem certeza de que o registro nos seria negado. Nesse caso, eles podiam se dispensar daquele jogo de cena; jamais seriam cobrados por isso.

Entretanto, se optaram por publicar, certamente gostariam de manter pelo menos uma política de boa vizinhança, ante a possibilidade bem concreta de Silvio Santos ganhar a eleição, caso viesse a ultrapassar a barricada montada no TSE. Trocando em miúdos, eles também trabalhavam com essas variáveis e hipóteses. Pelo menos até a véspera ou até onde a vista alcançava.

Recobrei o ânimo e me agarrei a essa possibilidade, como se já fosse uma certeza. Tudo pesado e medido, concluí, pela enésima vez, que seríamos vitoriosos naquela noite ou que, na hipótese de um resultado adverso, este seria por uma margem estreita, o que nos ensejaria remédios processuais para assegurar o nosso direito de disputar.

Significava, então, dizer que aquele nefando pacto entre os ministros, costurado na tal "reunião administrativa", pelo qual o resultado tinha de ser unânime para evitar recursos, obrigando-se o próprio presidente Rezek a votar, acompanhando o grupo e desconstruindo a regra de que presidente só vota em caso de empate, simplesmente não tinha existido.

Migrei, portanto, definitivamente para uma visão panglossiana da justiça e do direito. Afinal, essas duas categorias do espírito estavam firmes, fortes, independentes e intimoratas no Brasil.

Lembrei-me, em seguida, do próprio Silvio Santos, que sempre manifestou confiança irrestrita na justiça em geral e no Tribunal de forma bem especial. Fosse por cavalheirismo ou por convicção real, ele afirmou inúmeras vezes sua fé na isenção dos ministros e na realização do direito. Outro dia chegara a fazer uma proclamação bombástica, segundo a qual "desacreditar a justiça seria como desistir do Brasil", e, nesse caso, restaria ao homem de bem tocar em outra freguesia.

Mais ainda, sempre acreditou na vitória, isto é, no registro, e, na véspera, já fazia comigo planos para o segundo turno, quando visitaria todos os estados da Federação; antecipava conteúdos e revelava, em paralelo, uma curiosa preocupação que certamente jamais ocorreria a nenhum político: o excesso de gente para vê-lo ou abraçá-lo.

Temia pelo descontrole das multidões; por nada que lhe dissesse respeito, mas por zelo com o seu público. E fundava os seus cuidados na história de uma celebração pelo Dia da Criança que promovera em ano anterior, em São Paulo, quando levara dois milhões de pessoas às ruas, com os incidentes inevitáveis, felizmente sem gravidade, decorrentes da tropelia própria desses eventos.

Olhei para o relógio. Eram 18h30. Naquele momento devia estar se iniciando a sessão do Tribunal, já considerada histórica. Sete homens togados, dispostos em retângulo, numa sala relativamente exígua, decidiriam o destino de todo um país de 150 milhões de habitantes e oito milhões e meio de quilômetros quadrados, impedindo ou consentindo em que o seu povo votasse no seu candidato preferido. Pois estava escrito: a depender daquele veredicto, o rumo do Brasil seria um. Ou outro, no seu reverso. Em outras palavras, mais do que o registro de uma candidatura, era o próprio resultado da eleição que estava sendo decidido, naquele momento, por aquele círculo restrito.

Cruzei os dedos. Um rompante de confiança enfim me acudiu ao cabo daquelas sofridas elucubrações. A justiça e o direito iriam prevalecer. O registro seria deferido e estaríamos definitivamente livres daquele espartilho a que a candidatura fora jungida – uma política apenas defensiva, exercida quase sempre em ambientes fechados, em meio a pressões, questionamentos e dúvidas industriadas pelo adversário. Agora, finalmente, legalizada a candidatura, seríamos liberados aos grandes espaços públicos, quando a força de Silvio Santos iria se manifestar com mais exuberância aos primeiros contatos com as massas esperançosas. O segundo turno, que estava às portas, seria o grande momento para isso; o momento da sua afirmação, para não falar em consagração. Projetávamos para ele um estilo parecido com o de Juscelino Kubitschek: um estilo fundado no otimismo, na proatividade e no desenvolvimentismo com um viés social, do qual não abria mão quando se falava em políticas públicas. A atitude de Silvio e a empatia do público se reforçariam naturalmente, com a vitória inexorável no primeiro turno. Vitória que começava ali, naquela noite, no plenário do TSE.

Aprendi cedo, com meu pai, que em política toda vitória, pequena ou grande, tem de ser comemorada. Aquela era uma grande vitória. Decidi que iria comemorá-la em qualquer circunstância. Sozinho ou com amigos, ainda que fosse de madrugada, quando a sessão iria terminar, eu me permitiria uma autoindulgência: abriria um Pêra-Manca que me haviam presenteado anos antes e que eu havia reservado para alguma ocasião especial. Como aquela.

Creio que seguiria indefinidamente envolvido naquelas reflexões pressagiosas, mas despertei, por assim dizer, com o avião já taxiando na pista do aeroporto, em Brasília.

11

Anticlímax – o sonho sequestrado

Quando saí no desembarque, lá estavam os deputados Edme Tavares, da Paraíba, e Paulo Marques, de Pernambuco. Estranhei, porque não havia marcado nenhum encontro no aeroporto e era de se supor que estivessem no Tribunal, acompanhando a sessão, conforme entendimento do grupo.

– O que vocês estão fazendo...

– Perdemos... Sete a zero... – exclamaram, num tom cabal e sofrido, sem me deixarem sequer terminar a pergunta.

Senti o impacto da notícia como quem recebe um soco à altura do plexo solar, mas procurei me recompor. Quem sabe fosse apenas uma brincadeira. Afinal, Edme gostava de caçoar em situações de estresse e de pilheriar das minhas inquietações.

– Como, perdemos? A sessão não pode ter terminado...

– Foi tudo muito rápido. Estamos chegando de lá. Faltam algumas formalidades, mas o essencial já foi perpetrado. Uma espécie de votação chapada, com todo mundo acompanhando o relator, sem maiores discussões, como numa farsa adrede preparada e, ainda assim, mal encenada. Até o presidente, que normalmente só vota em caso de empate, resolveu emprestar a sua marca pessoal e declarar a sua posição; provavelmente para dificultar ainda mais qualquer reação.

Não sei que tipo de sentimento deixei transparecer naquele momento – surpresa, decepção, indignação. Estava impressionado, em primeiro lugar, com a ligeireza com que o assunto fora tratado pela Corte. Como, então, uma matéria de tamanha envergadura, de tão elevada indagação, concernente aos destinos de toda uma nação, envolvendo a expectativa de milhões, era objeto de uma abordagem tão superficial? Pelos meus cálculos, a sessão teria durado pouco mais de três horas; e, na sua parte substantiva, bem menos, evidentemente.

Por outro lado, estava curioso por saber como tinham manejado a questão de mérito. Ou seja, que mágica teriam inventado os ministros para caracterizar Silvio Santos como inelegível.

– Não foi o mérito – atalhou Edme. – A análise de mérito foi irrelevante. A questão foi liquidada na preliminar. Isto é, a candidatura Silvio Santos teve o registro negado com base no entendimento de que o partido ao qual estava filiado (Partido Municipalista Brasileiro) não havia cumprido as exigências legais para se constituir, portanto, não estava apto a lançar candidato.

– Mas como isso pode ter acontecido – perguntei –, se o PMB tinha até então um candidato registrado, Armando Corrêa, que esteve todo o tempo em plena campanha, participando inclusive do programa eleitoral gratuito, patrocinado pelo próprio TSE? A candidatura Silvio Santos estaria, em verdade, apenas substituindo outra candidatura legítima, que se desfazia por renúncia incondicional e irretratável do seu titular, encaminhada na forma da lei.

– Ocorre que, na cabeça dos ministros, esse partido formalmente já não existia quando a renúncia aconteceu; portanto, não podia promover a substituição, por absoluta inépcia legal.

Percebia-se que não encontravam o fio da meada ou sequer um fiapo de lógica que os conduzisse a um entendimento da decisão do TSE. Estavam tão perplexos e surpresos quanto eu. Passaram, então, a organizar cuidadosamente os fatos, conforme coligidos no plenário e nos corredores do tribunal, e acabaram juntando à narrativa uma lúcida disquisição analítica que procurei resumir, como segue.

O país, em geral, e os meios jurídicos, em especial, estavam focados na questão de Silvio Santos ser ou não ser dono do SBT, como fundamento para uma eventual inelegibilidade. A tese havia sido levantada havia algum tempo, pelo procurador-geral da Justiça Eleitoral, Aristides Junqueira Alvarenga, mas não atendia aos propósitos do Tribunal, nem dos acólitos de Collor. Primeiro porque era inconsistente – havia provas documentais irrefutáveis de que Silvio não era dono, diretor, administrador nem representante legal do SBT. Depois (e isso era o mais grave e temerário), porque envolvia matéria constitucional, a única circunstância que poderia nos ensejar algum recurso ao Supremo, já que o artigo 121, parágrafo 3º, da Carta Magna, diz expressamente que "são irrecorríveis as decisões do Tribunal Superior Eleitoral, **salvo as que contrariarem esta Constituição** e as denegatórias de *habeas corpus* ou mandado de segurança" (grifo meu).

Ora, o dispositivo invocado pelo procurador para sustentar a inelegibilidade de Silvio Santos era o art. 1º, inciso II, alínea d, da Lei Complementar (LC) nº 5, que incorria, precisamente, nessa ressalva. É que aquela lei era complementar à Carta de 1967, com a sua emenda constitucional de 1969 (ambas editadas pela ditadura militar), e caiu junto com elas com a promulgação da Constituição de 1988, a qual, em seu art. 14, parágrafo 9, apenas pedia uma nova lei complementar para estabelecer "outros casos de inelegibilidade", para além dos que nela já se continham, e de nada mais tratava que se aplicasse ao caso em exame.

Em resumo, a LC 5/70, em que eles se baseavam, havia perdido seu fundamento de validade com o advento da nova Carta.

A Corte, então, quando confrontada com esse fato, passou a se contorcer em dúvidas sobre a conveniência de prosseguir ou não por aquele caminho, que, no mínimo, podia nos abrir uma brecha para apresentar recurso no STF e, eventualmente, obter uma liminar e finalmente chegar às urnas, que era tudo o que não se podia permitir.

O próprio Rezek chegou a pedir aos ministros uma sentença "inquestionável, acabada e definitiva", que, evidentemente, não havia.

Foi quando surgiu em cena, como um *deus ex machina*, para resolver o impasse, um certo Eduardo Cunha – um economista sagaz, que também manejava com destreza a legislação eleitoral –, amigo de PC Farias, o lugar-tenente de Fernando Collor, e integrante da executiva do PRN, bem articulado com seu presidente Daniel Tourinho.

Cunha teve um *insight* e resolveu atacar as candidaturas Silvio Santos/Marcondes Gadelha por outro ângulo. Desconfiou, ou teve alguma informação sub-reptícia de algum membro do próprio PMB (provavelmente do senador Ney Maranhão, de Pernambuco, que pertencia à legenda, mas apoiava Collor), suscitando uma dúvida, para ele promissora, e para nós inexistente, sobre o status legal do partido (PMB) que havíamos adotado.

Ele pediu um jatinho a Collor e saiu a percorrer os cartórios eleitorais pelos estados afora, extraindo certidões, positivas ou negativas, sobre a realização de convenções pelo PMB. E o que coletou foi entregue ao dr. Celio Silva, advogado do PRN e de Fernando Collor, para a devida representação em juízo, perante o TSE. Note-se bem: a lei exige que cada partido realize convenções em pelo menos nove estados da Federação para obter o registro definitivo. Cunha informou que o PMB havia tomado essa providência em apenas quatro estados: Pernambuco, Amazonas, Maranhão e Rondônia; portanto, não fazia jus ao registro em questão; nesse caso, restaria ao PMB atuar com o seu registro provisório. Os registros provisórios, porém, têm um termo de vigência, e o do PMB tinha expirado havia pouco menos de um mês, em 15 de outubro de 1989. Assim, formalmente, deixara de existir a partir daquela data, o que, nas palavras do relator, ministro Villas Boas, "torna insustentáveis as candidaturas de Senor Abravanel e Marcondes Gadelha, pois estas não podem subsistir sem o partido, nos termos dos arts. 77, parágrafo 2, da Constituição, e 87, do Código Eleitoral".

– Simples assim? – espantei-me.

– Não. Há controvérsias seríssimas. Tudo indica que fomos garfados; ou melhor, o povo brasileiro foi garfado. Mas o dr. Carmino Donato, advogado do PMB, pensa em recorrer.

Em primeiro lugar, é preciso salientar que o PMB nunca foi declarado extinto, perempto ou inepto pelo Tribunal, até a data daquela sessão. Até então havia tido todos os seus atos reconhecidos ou convalidados, incluindo-se aí a escolha em convenção dos candidatos originais, Armando Corrêa e Agostinho Linhares, que passaram a disputar a eleição livremente, com absoluta fluidez e desembaraço, sem nenhum óbice que os incomodasse.

Mesmo depois do fatídico dia 15 de outubro, data da caducidade do registro provisório, o PMB praticou atos jurídicos sem nenhuma contestação, como a própria filiação dos novos candidatos, Silvio Santos e Marcondes Gadelha, em 4 de novembro, que esgotou o tríduo para impugnação, sem que nenhuma representação lhe fosse oposta, considerada, ou não, a existência legal do partido[12].

Daquelas filiações foram feitas comunicações aos Tribunais Regionais Eleitorais, que as repassaram aos cartórios correspondentes

---

12 O PMB só foi extinto efetivamente no dia 6 de março de 1990, portanto quatro meses depois da eleição, pela Resolução nº 16.284, do TSE, que teve como relator o ministro Sydney Sanches. (N. do A.)

(Zona Eleitoral n° 258, em São Paulo, para Silvio Santos, e Zona Eleitoral n° 35, em Sousa-PB, para Marcondes Gadelha) para os devidos assentamentos. Os cartórios tomaram as providências de praxe, sem nenhuma tardança ou objeção, posto que nunca receberam nenhuma notificação dando conta da inexistência do PMB ou da perda de sua capacidade jurídica. E, por outro lado, nos dias que se seguiram, a partir de 6 de novembro, o PMB designou Silvio Santos para participar do programa gratuito da Justiça Eleitoral, vale dizer, do TSE, sem que a sua capacidade para tanto fosse negada, tendo Silvio ocupado o tempo respeitável de cinco minutos diários – o que, como sabemos, na TV é uma eternidade.

Começa-se a depreender daí que o fator desencadeante da morte súbita do PMB, na sessão de 9 de novembro, não foi a desídia dos seus dirigentes, mas a entrada de Silvio Santos no páreo, ou melhor, a sua perspectiva de vitória. Continuasse Armando Corrêa candidato, tudo estaria como dantes no quartel de Abrantes, ou seja, o PMB teria todos os seus sinais vitais tranquilamente preservados e reconhecidos.

Mas o que importa ainda não foi dito: o PMB requereu o seu registro definitivo em tempo hábil. Mais precisamente no dia 13 de outubro de 1989. A petição foi protocolada sob o n° 008254, autuada e registrada como o Processo de Registro de Partido n° 165 – Classe 7ª-DF, distribuído ao ministro Sydney Sanches, que determinou a publicação do edital em 20 de outubro, dando vinte dias para impugnação e igual prazo para contestação, conforme o artigo 13 da Lei Orgânica dos Partidos Políticos, que rege a matéria. É evidente que o mérito só podia ser apreciado após o decurso desses prazos.

Mais ainda, o PMB havia realizado, também em tempo hábil, o ato supremo que a lei impõe para obtenção do registro definitivo, que é a convenção nacional com eleição do diretório correspondente. E informou ao Tribunal a realização, para aquele fim, de convenções em dez estados, estando alguns processos ainda em andamento.

Podia não ser verdade. Podia haver erros e omissões; podia haver falhas instrumentais, e, por isso, o Tribunal podia anular aquela convenção e declarar a extinção do partido. Mas nunca, nunca sem o devido processo legal. Nunca, nunca sem o *due process of law*.

O devido processo legal é talvez o princípio mais reverenciado ao longo da história do Direito. Consubstancial a ele, indissociável dele, o devido processo legal é o mais confiável instrumento para a explicitação do direito – exigindo para tal um conjunto de regras e prazos, como um ritual, ou seja, um algoritmo consolidado pela sabedoria dos séculos para a realização e o exercício dos seus ditames.

Esse princípio surgiu em 1215, na Inglaterra, foi introduzido na Magna Carta assinada pelo rei João Sem-Terra e foi adotado universalmente, com as adaptações de estilo. Por ele, qualquer ato praticado por autoridade, para ser considerado válido, eficaz e completo, **deve seguir todas as etapas previstas em lei**.

Regidos por ele, como se fossem seus corolários, vêm os princípios do contraditório e da ampla defesa, que asseguram paridade total entre acusação e defesa e permitem a esta a apresentação de elementos de prova a serem cotejados com as contraprovas exibidas pela outra parte.

No Brasil, o princípio do devido processo legal foi abraçado pelos constituintes de 1988 e inscrito no artigo 5º, da Lei Maior, que trata justamente dos direitos e deveres individuais e coletivos, de maneira cuidadosa e detalhista, ao longo de 77 incisos, ressaltando a importância atribuída à matéria.

Ao decretar, **incidentalmente** e de forma sumária, a extinção do PMB, o relator, ministro Villas Boas, atropelou tudo isso. Atropelou a Constituição, o princípio do *due process of law*, o princípio do contraditório e da ampla defesa e a própria Lei Orgânica dos Partidos Políticos, pois era evidente que não havia naquela circunstância espaço para instrução, produção de provas, atendimento a prazos e demais expedientes, meios e recursos que a lei faculta para que a defesa se exerça em toda a sua plenitude.

De nada adiantou os nossos advogados alegarem que o processo de registro de partido político é autônomo, devendo tramitar em separado, com rito próprio e prazos fixos, determinados em lei. Ou que a legislação que o rege admite expressamente que, em caso de omissões ou deficiência, obrigatoriamente há de ser baixado em diligência, no prazo legal para suprimento.

Como tampouco adiantou afirmar que, tendo o partido realizado convenção nacional e protocolado pedido de registro definitivo, devidamente autuado, com processo em andamento, os seus atos estavam legitimados, pelo menos enquanto durasse aquele processo. Portanto, as candidaturas de Armando Corrêa e Agostinho Linhares faziam coisa julgada e ato jurídico perfeito, conferindo legitimidade e consistência à substituição.

De resto, como disse Arnaldo Malheiros, seria rematado contrassenso admitir que o PMB pudesse continuar concorrendo, até o fim, com os candidatos já registrados, mas não pudesse fazê-lo com candidatos que, nos termos da lei, estavam em perfeitas condições para substituí-los.

De nada adiantou. O voluntarismo do relator se revelou implacável, no que foi secundado pelos seus pares, que, um a um, foram se manifestando em sintonia com ele, perfilhando sua orientação, como soldadinhos de chumbo, de maneira homogênea e linear.

Do ponto de vista regimental ou procedimental, não há muito o que objetar. A sessão transcorreu célere e unívoca, coerente com o seu comprometimento teleológico.

Algumas sutilezas de comportamento ou linguagem, entretanto, devem ser ressaltadas – e não apenas a título de curiosidade. Vejamos.

Logo na abertura, o presidente Rezek, num rasgo de tolerância afetada, acolheu uma reclamação do nosso advogado Arnaldo Malheiros quanto à distribuição do tempo para sustentação oral, que era, de início, escancaradamente desfavorável à defesa. Ora, o tratamento igualitário dispensado às partes é imposição regimental. A aparência de concessão ou generosidade que se quis dar, com o atendimento ao pedido de reequilíbrio dos tempos, sugeria-nos que uma maioria inabalável (qualquer que fosse a argumentação de Malheiros ou o seu tempo de fala) já estava previamente constituída e que teríamos, em paralelo ao julgamento, um show de dissimulação.

Depois, no curso do seu relatório, o ministro Villas Boas fez referência e agradeceu a contribuição intelectual recebida de diversos juristas sob forma de pareceres em suporte a suas teses. E citou, entre outros, os ministros Leitão de Abreu, Rafael Mayer e Xavier de Albuquerque. Declarou ainda que, ante tal profusão e prodigalidade de pareceres e a exiguidade do tempo operacional de que dispunha, se eximia de ler a maioria daqueles textos. A manifestação do ministro valeu para nós como prova definitiva de que o núcleo de apoio a Collor havia contratado, conforme imagináramos, todas as eminências jurídicas de Brasília (em especial, aquelas ligadas ao TSE) para não fazer nada, isto é, para ficar apenas de *stand by* ou, quando muito, emitir algum parecer que não seria usado – mas, sobretudo, para que não pudessem ser contratadas por Silvio Santos.

Por outro lado, a maioria dos ministros (salvo o relator e mais um ou outro) passou a focar a preliminar, trazida por Eduardo Cunha, da inexistência do PMB, abandonando a tese da inelegibilidade de Silvio Santos, a ela se referindo apenas marginalmente e por dever de ofício, em atenção à pessoa do procurador Aristides Junqueira, que tanto a cultivou. A tese se revelara imprestável ou até perigosa para os fins a que se propunha.

Por fim, tivemos o voto do presidente. Um voto enigmático, porque o presidente, em geral, só vota em caso de empate, e um placar de 6 a 0, já configurado, dispensava, com sobra, seu envolvimento. Mas ele fez questão de votar.

A interpretação mais singela para aquele arroubo do presidente Rezek é de que ele queria demonstrar uma unanimidade granítica em torno da ideia de afastar Silvio Santos, de sorte a desestimular qualquer tentativa de recurso ao Supremo. Em paralelo, seria uma forma de se solidarizar com seus colegas por antecipação, eventualmente expostos a insinuações malévolas. Insinuações que ele mesmo detectou e referiu no seu voto.

Quanto ao primeiro propósito, reconheçamos que foi bem-sucedido. O advogado do PMB, Carmino Donato, ainda chegou a propor com veemência que tomássemos alguma iniciativa perante o Supremo Tribunal Federal, mas a ideia foi sobrestada, precisamente porque qualquer recurso ou agravo teria que passar primeiro por um juízo de admissibilidade a ser emitido pelo presidente Rezek, que já tinha mostrado suas garras. Além do que, vários ministros do TSE integravam também os quadros do Supremo Tribunal Federal, e era virtualmente impossível que alterassem seu posicionamento, qualquer que fosse a argumentação aduzida.

Finalmente, havia para nós uma questão de ordem ética ou de responsabilidade social: na hipótese improvável de conseguirmos uma liminar no Supremo e chegarmos às urnas, Silvio seria com certeza majoritário no primeiro turno, mas, provavelmente, perderia no julgamento de mérito e seus votos seriam anulados. Nesse caso, seria convocado o terceiro colocado para a disputa em segundo turno. Mas os demais candidatos, com toda a razão, se sentiriam prejudicados, cada um a seu modo, pelo volume de votos atribuídos a uma candidatura "inexistente" e pediriam a anulação de toda a eleição, gerando um impasse e um tumulto de proporções inimagináveis.

Tudo pesado e medido, decidiu-se por não recorrer ao STF, sendo do próprio Silvio Santos a última palavra.

Já com relação ao segundo propósito, isto é, a salvaguarda da imagem pública do TSE e dos seus ministros, o voto de Rezek não foi tão eficaz. Como também não o foi a explicação que Sua Excelência deu a seguir em cadeia de rádio e televisão.

Na verdade, em que pese todo o aparato de marketing acionado a toque de caixa para justificar a decisão da Corte e dar o fato como consumado, o povo ficou ressabiado, além de frustrado, e com uma profunda sensação de perda ou de usurpação do seu direito de votar no candidato preferido. Inverteu-se, por assim dizer, a percepção dos fatos: o povo é que se sentiu impedido. O seu sonho fora sequestrado.

Alguns chegavam a declarar que não votariam mais em ninguém; outros iam mais longe e ameaçavam incinerar o título de eleitor; e todos, é claro, orientavam o seu rancor para o nosso egrégio Tribunal Eleitoral. Tudo se passava como se aquela decisão do TSE negasse todas as grandes promessas libertárias com que o ano de 1989 foi aberto e o sentimento coletivo refletisse a percepção de que, 29 anos depois, o povo brasileiro permanecia sem direito a escolha. Seu destino foi novamente definido em uma espécie de eleição indireta, com sete juízes atuando como se fossem o antigo colégio eleitoral dos generais.

Além do mais, aquele douto colegiado não conseguiu escapar da veia humorística e do sarcasmo do brasileiro. Assim, o jornal *Correio Braziliense* publicou, no dia seguinte ao julgamento, uma charge inesquecível em que os demais candidatos – Collor, Lula, Brizola, Afif etc. – aparecem todos abraçados, como numa cantiga de roda, dançando e entoando uma paródia de um conhecido *jingle* do SBT, com alegria debochada: "TSE é coisa nossa!".

Embalos de sexta à noite.

12 O bom governo que não houve

No Natal daquele ano, Silvio me deu de presente um relógio de parede, desses que têm as engrenagens expostas. Por um instante, percebi só o conteúdo afetivo do gesto – uma manifestação gentil de bem-querença ou, quando menos, a sinalização para o início de uma bela amizade que o tempo se encarregaria de consolidar. Mas depois, atento aos acontecimentos recentes, não pude evitar de ver naquela máquina uma figuração das nossas instituições.

Ativando aquelas pequenas rodas dentadas e delicadas cremalheiras, ocorreu-me quão viciosas e sujeitas a manipulação são as engrenagens que nos movem e, bem assim, como são ineficientes, como se afetadas por alguma ferrugem endêmica, quer dizer, pela borra dos maus costumes políticos.

Na sequência, sobreveio por inevitável a indagação sobre o que deveria ou poderia ser feito, caso chegássemos ao poder, para o Brasil reencontrar a sua esplêndida vocação histórica, convertendo, afinal, em elementos concretos, a sua eterna nostalgia de grandeza. Ou, por outra, como seria o governo Silvio Santos? O que o tornaria singular, e por que o veto oposto pelo TSE representava uma perda ou um hiato deplorável para as expectativas nacionais?

Em primeiro lugar, diga-se que nós fazíamos fé na capacidade motivacional do presidente. E isso era fundamental. Era peça vestibular à própria ação administrativa, porque a crise tinha também nuances psicológicas e diminuía a nossa autoestima e autoconfiança, a ponto de se desacreditar, dentro e fora do país, que pudéssemos algum dia voltar a conjugar democracia política com desenvolvimento econômico.

Esse dom de motivar é inato em Silvio Santos e advém de traços da sua personalidade dificilmente encontráveis, pelo menos em conjunto, nos outros candidatos: carisma pessoal, identificação com os anseios populares, talento gerencial, histórico de superação, disposição para o diálogo, energia e determinação. Essas virtudes seriam indispensáveis para fechar o foco sobre o que interessava e estabelecer um senso de direção. "As primeiras coisas primeiro", como gostava de dizer Silvio Santos, repetindo fala de Roosevelt. E as primeiras coisas para ele eram o combate à inflação, que andava pelo quinto dos infernos, e a retomada do crescimento econômico, já que as taxas do PIB destoavam brutalmente da média histórica do Brasil, que era de 7% ao ano, e haviam sido negativas em 1988. Silvio acreditava que podia resgatar a mística do trabalho criativo e da produção real de bens e serviços, apesar de toda a barafunda criada pela atividade especulativa.

Na outra ponta do processo, ele tentaria ampliar o mercado interno e expandir a função consumo, pela elevação do nível de emprego e implementação de um programa de renda mínima. Assim, intuitivamente, ele apostava em uma dinâmica do tipo a que os economistas chamam de *keynesiana* – o que, aliás, harmonizava perfeitamente com a profunda admiração que ele tinha pelo estilo Roosevelt de governar.

A questão do emprego, por outro lado, casava bem com a sua determinação de zerar o déficit habitacional do país. A ideia de dotar cada brasileiro com as benesses da casa própria era repetida por ele como um mantra, para não falar em obsessão. Se não resolvesse esse problema, era como se não tivesse valido a pena chegar à presidência. Era de se esperar, pois, investimentos e programas de grande envergadura, voltados para a construção civil e envolvendo os setores público e privado. Adivinhavam-se resultados expressivos dessas iniciativas para além do seu programa social, pois a construção civil, além de ser intensiva em mão de obra, é articulada com praticamente todos os setores da produção e demanda uma variedade incomensurável de insumos. O programa de renda mínima, por outro lado, também tinha uma nobre ancestralidade. Foi sugerido, pela primeira vez, por Thomas More, no seu clássico livro *Utopia*, no século XVI. Lá atrás, no século XIII, porém, São Tomás de Aquino já dizia que "até para o exercício da virtude o homem precisa de um mínimo pecuniário". Ao longo dos séculos, a ideia compôs com insistência a pauta social de eminências do pensamento universal. E, modernamente, isto é, no século XX, passou a ser defendida por lideranças políticas de esquerda e de direita, lastreadas nos textos de grandes filósofos, economistas e publicistas em geral, como Bertrand Russell e Milton Friedman. Friedman, o mais expressivo representante da corrente conservadora e monetarista, grão-mestre da Escola de Chicago, surpreendeu o mundo em 1962 com um modelo de renda mínima, incluído no seu clássico *Capitalismo e liberdade*. A proposta de Friedman, engenhosa e simples, se baseava no imposto de renda negativo, pelo qual o governo daria uma retribuição em dinheiro a todos os cidadãos situados abaixo da linha de isenção. O uso do imposto de renda negativo teria a vantagem, segundo

Friedman, de ser transparente e evitar a burocracia, a burla e a corrupção.

Em termos práticos e em favor dos planos de Silvio Santos, observava-se que, àquela altura, os programas de renda mínima já tinham aceitação generalizada e estavam sendo testados em vários países. Um modelo já estava plenamente implantado e funcionando com sucesso no estado norte-americano do Alasca desde 1976, tendo como fonte de financiamento um fundo criado com receitas oriundas das atividades de mineração e óleo. O Fundo Permanente do Alasca distribuía em média, por ano, 2 mil dólares a cada residente.

Então, estava decidido. Era prego batido e ponta virada: o governo Silvio Santos implantaria o primeiro programa de renda mínima no Brasil, faltando apenas definir o modelo, isto é, se adotaríamos o sistema de imposto de renda negativo ou se criaríamos um fundo especial ou, ainda, outro mecanismo distributivo. No mais, era estabelecer o percentual do PIB a ser aplicado e as condicionalidades, ou seja, o que seria exigido de cada beneficiário, a título de reciprocidade ou contrapartida – em termos de atitude com alguma utilidade social – e formatar a Proposta de Emenda Constitucional (PEC) para envio ao Congresso.

Os cuidados sociais de Silvio Santos não parariam por aí, evidentemente. Ele se dispunha a fazer uma revisão de todas as políticas públicas compensatórias, particularmente em educação e saúde. Atenção especial para o Sistema Único de Saúde (SUS), o extraordinário programa criado havia pouco tempo pela Constituinte, referência mundial que iria precisar de muita imaginação e sobretudo de muitos recursos para cumprir as suas generosas promessas de universalidade, equidade e integralidade do atendimento em qualquer grau de complexidade – e que por isso mesmo tinha de ser consolidado antes de qualquer outra prioridade nacional. Com relação à educação, ele considerava que havia problemas operacionais; que os recursos envolvidos, conquanto volumosos, eram mal gastos e se dispersavam pelo caminho, com resultados minguados na ponta. E aqui entrava a marca do seu estilo: queria se orientar por resultados. Que ninguém duvidasse do seu compromisso com as políticas de bem-estar social, ou seja, com um verdadeiro *welfare state*, mas ele iria abordar todas as estruturas do fim para o começo, como se operasse uma engenharia reversa no sistema administrativo.

A percepção sobre o ânimo e o otimismo de Silvio Santos, por outro lado, autorizava, aos que estavam à sua volta, a pensar grande também. E passamos efetivamente a ter sonhos grandiloquentes, sendo o maior deles inverter a configuração geral do país, estabelecendo, de uma vez por todas, a prevalência da sociedade sobre o Estado.

Entendíamos que na raiz dos nossos males estava a hipertrofia do poder institucional, em detrimento dos desígnios da sociedade civil. E o enfrentamento dessa patologia política exigia uma ampla reforma do Estado, com pelo menos três vertentes.

Primeira: a desconcentração do poder, contemplando a inibição da fúria arrecadadora do governo, com redução de impostos, taxas e contribuições; o controle rigoroso da execução orçamentária e do endividamento; a desestatização e o repasse de atribuições para a iniciativa privada.

Segunda: a descentralização, envolvendo a redistribuição espacial de recursos e competências para as unidades locais de poder – estados e municípios – com o estabelecimento de um novo pacto federativo.

Terceira: a desregulamentação e simplificação dos processos administrativos, para dar mais fluidez ao sistema produtivo e aos ritos do mercado.

Essas iniciativas, obviamente, não esgotavam o nosso ânimo reformista nem excluíam outras propostas. Assim, por exemplo, nós questionávamos o sistema de governo e o sistema eleitoral, e, se dependesse de mim, nós promoveríamos uma revisão profunda no presidencialismo brasileiro – ou a implantação de vez do sistema parlamentarista – e realizaríamos uma reforma eleitoral completa, com a adoção do voto distrital.

A observação, mesmo empírica, nos diz que o presidencialismo, com raríssimas exceções, só deu certo no país onde foi inventado – os Estados Unidos da América –, provavelmente por causa do sistema de freios e contrapesos (*checks and balances*) que lá impera, e vai muito além da simples tripartição do poder, envolvendo todo o arcabouço sociocultural e econômico, em uma concepção pluralista, em que se destacam a divisão espacial, com os estados operando como se fossem nações independentes; uma sociedade civil poderosa, organizada e estruturada em miríades de entidades de classe, associações e grupos de pressão; sem falar, é claro, do controle efetivo exercido pelo Congresso e pela Suprema Corte. Além disso, dentro de cada nicho de poder, por ínfimo que seja, há sempre um mecanismo de *feedback*, ou autorregulação, que evita extrapolações e abusos, mantendo-o sempre à meia altura – uma espécie de homeostase social, tal a sua naturalidade, automatismo e amplitude.

No Brasil, como na maioria dos países da América Latina, onde vegeta o subdesenvolvimento crônico, o presidente da República é uma espécie de imperador rotativo, pela hiperconcentração de poder e o personalismo legalizado.

Em torno dele gravitam não apenas seres, instituições e negócios, mas também todas as condicionantes anímicas do país: crenças, esperanças e expectativas. Não é desarrazoado, portanto, associar os fracassos em nossa evolução com os desígnios e atitudes desse Leviatã.

A história do presidencialismo brasileiro é toda marcada, desde o começo, por sobressaltos e solavancos, do tipo golpe de Estado, revoltas, quarteladas e, depois, soluções extremas, como ditaduras, suicídio, renúncia, *impeachment*, com reflexos inevitáveis sobre o ânimo e o comportamento do povo. Sem falar, é claro, da corrupção crônica inerente a tal modelo, pois, como se sabe, já dizia Lord Acton (1834-1902): "O poder corrompe, e o poder absoluto corrompe absolutamente".

Felizmente, o viés autoritarista, próprio do cargo, não combinava bem com o estilo Silvio Santos, por natureza aberto ao diálogo e habituado a delegar. Assim, nós achamos que haveria clima para uma discussão mais aprofundada da matéria, que seria ainda mais frutífera com ele já investido na Presidência da República.

Não seria impossível, portanto, que acolhesse de plano as propostas de reforma do sistema presidencialista de governo, ou mesmo que considerasse objetivamente a implantação do modelo parlamentarista. Este teria como vantagens a maior flexibilidade para o enfrentamento de crises e o fato de a maioria do Congresso ser pré-constituída, isto é, a sua articulação antecede e se impõe à própria formação do governo, o que facilita a aprovação de leis e evita longas e repetitivas negociações, que muitas vezes descambam para a corrupção e o tráfico de influência.

O parlamentarismo, inegavelmente, é mais transparente, tem mais *accountability*, isto é, mecanismo de responsabilização, pelo qual o chefe do governo (primeiro-ministro) é levado a prestar contas regularmente ao Congresso das suas iniciativas, realizações ou impropriedades da governança, falhas ou deslizes. Lembre-se, ainda, que é o sistema de governo mais antigo e por isso mais provado. Não por acaso é adotado pela maioria absoluta dos países desenvolvidos.

No Brasil, tivemos uma experiência bem-sucedida de 42 anos no Segundo Reinado e um fugaz ressurgimento na fase republicana, como tentativa de atalhar uma das piores crises geradas pelo presidencialismo no país, que acabou desaguando no golpe militar de 1964. Convém salientar que, caso viesse a prosperar a ideia da sua implantação outra vez entre nós, optaríamos por algo próximo ao modelo vigente na Alemanha, por ser esse país república e federação, como nós, já tendo definido mecanismo de adaptação a tais premissas.

Na mesma toada, buscaríamos o aval do presidente para uma mudança radical do sistema eleitoral, com a implantação do voto distrital e do voto facultativo. Sabíamos que haveria resistência forte por parte do Congresso, pois é lícito ao deputado raciocinar em autodefesa, adaptando a regra geral de que "não se muda time que está ganhando o jogo", ou seja, não se muda a condição eleitoral que nos favorece. "Se fui eleito por esse sistema, pode ser que não me dê bem em um modelo diferente" – haveria de ser o entendimento.

Essa seria, na verdade, a única e grande objeção, pois há consenso sobre a superioridade do voto distrital em relação ao proporcional, quando se cogita de legitimidade, representatividade e transparência.

O voto distrital força a aproximação do eleitor com o seu representante. Ora, um mandato eletivo é uma procuração que o cidadão dá para alguém representá-lo – e, evidentemente, não se dá procuração a quem não se conhece.

Já no sistema proporcional, o voto em cada candidato é difuso, espalhado por todos os municípios do Estado. É claramente impossível guardar alguma relação com a massa votante, que é, então, oferecida em lotes pelos cabos eleitorais, prefeitos e vereadores e adquirida a peso de ouro. Duas consequências são inevitáveis. Primeira consequência, o vazio de representatividade – não há compromissos de uma parte nem espaços para reivindicação de outra. Aliás, pesquisas cientificamente conduzidas mostram que, no sistema proporcional, passados três meses da eleição, 70% do eleitorado não sabe sequer em quem votou para deputado.

A segunda consequência seria a corrupção. No comércio despudorado que se instaura no sistema proporcional, cada candidato é compelido a se aprovisionar com recursos, lícitos ou ilícitos (geralmente ilícitos), em grande quantidade, pois vê o seu concorrente com as burras cheias, fechando negócios a torto e a direito, e sabe que, se não agir da mesma forma, suas chances na eleição serão muito reduzidas. Não seria, pois, de todo impróprio afirmar que está no sistema eleitoral o ovo da serpente dessa corrupção indomável que lavra no processo político brasileiro desde tempos imemoriais.

Já a introdução do voto facultativo seria uma questão de menor monta, um gesto apenas de respeito ao livre-arbítrio, pois, na verdade, a expressão do voto já é facultativa, visto que se permite ao eleitor, perante a urna democrática, votar em branco ou anular o voto ou, simplesmente, não votar. O que nós pretendíamos era tão somente poupar o cidadão do constrangimento de comparecer à cabine eleitoral, se por qualquer razão não quisesse votar, e livrá-lo de um sem-número de sanções e regras punitivas, que o transformam em um verdadeiro pária, pelo simples fato de declinar de um dos seus direitos.

Em um plano mais geral, diríamos que o governo Silvio Santos seria movido pela ideia-força da modernização ou da inovação aplicada ou do *aggiornamento*, que era a palavra da moda em sociologia política.

Postulávamos, por exemplo, a informatização geral da sociedade e da vida administrativa do país, já que esse capítulo novo da tecnologia desabrochava com vigor em todos os setores da atividade humana, carreando promessas infinitas. Por extensão, advogávamos um esforço redobrado por algum domínio nos novos ramos do conhecimento que estavam entrando em cena e, junto com a informática, iriam plasmar a sociedade do futuro: biotecnologia e engenharia genética, tecnologia de novos materiais, energias alternativas, tecnologia aeroespacial, nanotecnologia e oceanografia, todos eles criados ou expandidos a partir de princípios matemáticos e físico-químicos estabelecidos na segunda metade do século XX.

Em política externa, sem prejuízo de relações historicamente estabelecidas, defendíamos uma orientação para o Pacífico, incluindo uma definição de roteiros físicos para uma abordagem competitiva da região, que despontava como o novo florão da prosperidade universal.

É claro que não houve tempo para detalhamento desses propósitos. Estávamos envolvidos com a defesa do nosso direito de disputar, e nisso consumíamos todas as nossas energias. Assim, as ações de governo eram objeto de discussões internas e seriam mais bem explicitadas no segundo turno. Mas de algumas coisas tínhamos convicção: a proposta central de hierarquização da sociedade em relação ao Estado, com seus pilares ou componentes – desconcentração do poder, descentralização e reforma do sistema de governo –, jamais seria executada por nenhum dos concorrentes mais próximos em intenção de voto: Collor, Lula ou Brizola – por uma questão de estilo ou formação. O primeiro, nitidamente autoritarista; o segundo, por vícios e cacoetes do centralismo sindical, e o terceiro, pelo culto mal disfarçado do caudilhismo. E isso já explicava, em parte, por que a decisão de 9 de novembro do TSE representava um retrocesso para o Brasil ou um descaminho para a Nova República; ou, pelo menos, uma interrupção no esforço pela consolidação de uma sociedade aberta, pluralista e próspera neste país.

Seria simplismo, porém, ou reducionismo grosseiro, afirmar que a eleição de Silvio Santos se bastaria tão só em evitar um mal maior; no caso, por exemplo, o desastre ocorrido com a eleição de Collor de Mello. Nunca nos posicionamos assim, apenas como anteparos do mal. Sempre adotamos uma linha proativa, em favor de alguma agenda positiva. Aliás, Silvio nunca perderia tempo em destratar qualquer um dos seus concorrentes, mesmo os que velada ou abertamente conspiravam contra o seu registro. Simplesmente não tinha atenções para isso. Estava encantado demais com a ideia de resgatar os dons e virtudes do Brasil, trazendo de volta aquele país alegre, feliz e autoconfiante que aprendera a amar ainda nos bancos escolares ou pelas ruas do Rio e que se perdera em alguma dobra da história.

Como seu companheiro de chapa, candidato a vice-presidente, eu compartia aquelas mesmas grandiosas expectativas e iria ao limite das minhas forças para ajudá-lo a consumar a sua missão.

Estávamos, assim, comprometidos com o que houvesse de mais transcendente. Estávamos comprometidos com o sonho de uma pátria exemplar, ciosa de sua civilização e de sua cultura; respeitada no concerto das nações e percebida internamente com orgulho; vocacionada para o progresso e pródiga em oportunidades; aberta, acolhedora, generosa e fraterna.

Esse sonho é que informou toda a minha vida pública, desde os tempos da política estudantil. Mais que inspiração, era razão de ser. Esse sonho é que sustentou a minha ação parlamentar, exercida quase toda em condições adversas, como oposição a um regime fechado, obstinado em negar as mais comezinhas liberdades individuais.

Esse sonho é que estava, por fim, magnificamente explicitado no preâmbulo da Constituição, que eu acabara de assinar, como membro da Assembleia Nacional Constituinte, e que, desde então, passara a ser o sonho de toda a nação.

Nós seríamos os primeiros a executá-lo. Nós trabalharíamos em primeira mão aquela carta de intenções para torná-la realidade. Em suma, nós seríamos o primeiro governo pós-constituinte e não apenas pós-ditadura – o que seria uma percepção ainda mais otimista e desafiadora e nos deixava ainda mais motivados.

Os fatos, entretanto, não atenderam a tais augúrios, e, como se sabe, tivemos a exclusão de Silvio Santos do segundo turno das eleições. Daquela decisão canhestra do TSE resultou um governo avesso a tudo quanto preconizávamos. Um governo caracterizado justamente pelo autoritarismo, por uma gestão temerária e por corrupção e que terminou com o primeiro *impeachment* de um presidente na nossa história republicana.

Olhando friamente, e por uma perspectiva apenas historicista, à luz de tantos exemplos anteriores, esse desfecho não deveria escandalizar ninguém. Seria apenas mais um tropeço na acidentada crônica do presidencialismo brasileiro, e outros viriam fatalmente a acontecer, mais cedo ou mais tarde. Um pouco de realismo, também, nos faz entender que as democracias, vez por outra, são acometidas de alguma doença autoimune e passam a fabricar anticorpos contra seus próprios desígnios.

A deplorar, apenas, a oportunidade perdida e a enorme frustração do povo brasileiro, impedido de sufragar o nome de sua preferência, aquele em quem depunha fé e por quem os seus valores cívicos fremiam.

Daquele agudo sentimento de perda que acudiu à população, do conjunto dos fatos e conceitos com que nos envolvemos e de análises produzidas, já com o necessário distanciamento, ressaltam pelo menos três evidências que cumpre enunciar aqui, à guisa de resumo ou conclusão.

Primeira: **Silvio Santos foi sacrificado para que uma farsa se homologasse**. Em atendimento a interesses empresariais, idiossincrasias pessoais, conveniências partidárias e outras disposições menos claras, um altar solene foi armado, onde, com ritual impostado e algumas manigâncias, se procedeu à imolação. Em consequência, o país receberia gato por lebre. Mas tudo legalizado.

Segunda: **Silvio Santos foi o bom governo que não houve** – mas as ideias que o embasavam nunca envelheceriam. Não há como evitá-las ou fugir delas se se pretende emprestar um gradiente seguro e mais refinado ao processo evolutivo deste país.

O Brasil é um prospecto em aberto e seguirá por muito tempo sua busca insofrida pela modernidade, avançando por ensaios e erros, tentativas e acertos. Qualquer governo que se preze terá que considerar aquelas realidades. E a quem fizer objeção, alegando que tudo aquilo era apenas matéria de sonhos, nós respondemos que sonhos são mais pragmáticos do que parecem e que o sonho é apenas a realidade com pressa; um bom tempero à esperança cadenciada com que temos caminhado.

Terceira: **cumprimos um ato político de extraordinária relevância.** Colocamos à prova todas as estruturas do estado de direito recém-instaurado no país e contribuímos para que uma percepção crítica se consolidasse e futuros aperfeiçoamentos se acrescentassem. Um país institucionalmente maduro era, a um tempo, meta básica e pedra angular de todas as nossas projeções. Um país institucionalmente maduro estaria mais perto de cumprir as promessas de sua natureza dadivosa e emergir poderosamente para além dos seus emblemas de ordem e progresso, como um modelo exemplar de convivência democrática e coesão social.

Um país institucionalmente maduro faria aflorar, com naturalidade, virtudes simplesmente abafadas ao longo de gerações e mostraria a verdadeira face da nossa civilização, isto é, dos valores e princípios efetivamente impregnados à alma da raça, que, ao fim e ao cabo, responderiam pelo nosso destino como nação.

Era isso em última análise a que nos dispúnhamos e para o que, de alguma forma, contribuímos. E assim, apesar de todos os pesares e de todos os contratempos, estávamos amplamente compensados. Afinal, como diz o poeta, "Deus ao mar o perigo e o abismo deu / Mas nele é que espelhou o céu"[13].

---

13 Excerto do poema "Mar português", de Fernando Pessoa. (N. do A.)

Resultados eleitorais

Candidato(a)	Vice	1.º turno – 15/11/89		2.º turno – 17/12/89	
		Total	Percen-tagem	Total	Percentagem
Fernando Collor (PRN)	Itamar Franco (PRN)	20 611 011	30,47%	35 089 998	53,03%
Luiz Inácio Lula da Silva (PT)	José Paulo Bisol (PSB)	11 622 673	17,18%	31 076 364	46,97%
Leonel Brizola (PDT)	Fernando Lyra (PDT)	11 168 228	16,51%		
Mario Covas (PSDB)	Almir Gabriel (PSDB)	7 790 392	11,51%		
Paulo Maluf (PDS)	Bonifácio Andrada (PDS)	5 986 575	8,85%		
Guilherme Afif Domingos (PL)	Aluísio Pimenta (PDC)	3 272 462	4,83%		
Ulysses Guimarães (PMDB)	Waldir Pires (PMDB)	3 204 932	4,73%		
Roberto Freire (PCB)	Sérgio Arouca (PCB)	769 123	1,13%		
Aureliano Chaves (PFL)	Cláudio Lembo (PFL)	600 838	0,88%		
Ronaldo Caiado (PSD)	Camilo Calazans (PDN)	488 846	0,72%		
Affonso Camargo Neto (PTB)	Paiva Muniz (PTB)	379 286	0,56%		
Enéas Carneiro (PRONA)	Lenine Madeira (PRONA)	360 561	0,53%		
José Marronzinho (PSP)	Reinau Valim (PSP)	238 425	0,33%		
Paulo Gontijo (PP)	Luís Paulino (PP)	198 719	0,29%		
Zamir José Teixeira (PCN)	William Pereira da Silva (PCN)	187 155	0,27%		
Lívia Maria Pio (PN)	Ardwin Retto Grunewald (PN)	179 922	0,26%		
Eudes Oliveira Mattar (PLP)	Daniel Lazzeroni Jr (PLP)	162 350	0,24%		
Fernando Gabeira (PV)	Maurício Lobo Abreu (PV)	125 842	0,18%		

Celso Brant (PMN)	José Natan Emídio Neto (PMN)	109 909	0,16%		
Antônio dos Santos Pedreira (PPB)	José Fortunato da França (PPB)	86 114	0,12%		
Manoel de Oliveira Horta (PDCdoB)	Jorge Coelho de Sá (PDCdoB)	83 286	0,12%		
Armando Corrêa (PMB)	Agostinho Linhares de Souza (PMB)	4 363	0,01%		
Silvio Santos (PMB)	Marcondes Gadelha (PMB)	0	0,00%	*Candidatura indeferida*	
Total de votos válidos		**67 631 012**	**93,57%**	**66 166 362**	**94,17%**
Votos em branco		1 176 413	1,63%	986 446	1,40%
Votos nulos		3 473 484	4,81%	3 107 893	4,42%
Total		**72 280 909**	**88,07%**	**70 260 701**	**85,61%**
Abstenções		9 793 809	11,93%	11 814 017	14,39%
Eleitores aptos a votar		**82 074 718**	**55,53%**	**82 074 718**	**55,53%**
População nacional estimada		**147 801 816**	**100%**	**147 801 816**	**100%**

Epílogo
O day after

Breve relato de acontecidos a personagens
desta crônica após o 15 de novembro de 1989

Fernando Collor

Collor foi eleito presidente da República no segundo turno, com 35 milhões de votos, contra 31 milhões consignados a Luiz Inácio Lula da Silva. Alçado ao poder com as insígnias do liberalismo e do combate à corrupção, fez tudo ao contrário.

Seu discurso de posse foi o mais longo de toda a história republicana. Cinco mil novecentos e vinte e seis (5.926) palavras[14], entoando loas à economia de mercado, à democracia política e aos valores éticos.

Apesar de longo, o texto era elegante, bem elaborado, lastreado em conceitos e propostas consistentes; tudo à altura do estadista que

---

14 A título de ilustração, observe-se que o discurso de posse de Juscelino Kubitschek teve 635 palavras e o de Fernando Henrique Cardoso, 3.247. (N. do A.)

se presumia estar surgindo. Teria sido redigido em parceria com José Guilherme Merquior, um intelectual brilhante, diplomata de carreira, amigo bem próximo de Roberto Campos – uma espécie de guru ou sumo sacerdote do liberalismo à época –, que, por sinal, ficou encantado com tudo o que viu e ouviu, embora não tivesse votado em Collor no primeiro turno.

No dia seguinte à posse, porém, Collor quebrou todas as vidraças e perpetrou o mais radical e temerário choque heterodoxo de todos os tempos em nossa história econômica recente. Concebido e conduzido por sua prima Zélia Cardoso de Mello, ministra da Economia, o plano incluía o confisco de todos os depósitos bancários (conta-corrente e poupança) superiores a Cr$ 50.000,00 (cinquenta mil cruzeiros – a moeda da época), congelamento de preços e salários, criação do Imposto sobre Operações Financeiras (IOF), aumento de tarifas públicas, demissão de funcionários, entre outras peripécias.

A primeira reação foi justamente de Roberto Campos, que se declarou horrorizado e chamou aquele conjunto de medidas de "stalinismo de mercado".

O plano fracassou em seus propósitos de controlar a inflação e reestruturar a economia brasileira e foi substituído duas vezes, em menos de dois anos, por sucedâneos chamados Plano Collor II e Plano Marcílio, este último em homenagem a Marcílio Marques Moreira, que assumira no lugar de Zélia.

Ao fim de tudo, a inflação permanecia na casa dos 1.700% (mil e setecentos por cento) ao ano, e o nível de emprego havia caído, com o desaparecimento de 920 mil postos de trabalho.

Em paralelo, começaram a surgir denúncias de corrupção envolvendo inicialmente o seu preposto, Paulo César Farias, o PC Farias, e chegando, por fim, ao próprio presidente. As denúncias eram veiculadas principalmente por Pedro Collor de Mello, irmão do presidente, além de sócio no grupo Arnon de Mello, detentor, entre outros haveres, da filial da Rede Globo em Alagoas. Portanto, tinha suas declarações envoltas em fumos de autoridade e credibilidade. Em maio de 1992, a revista *Veja* publicou matéria com a epígrafe "Pedro Collor conta tudo", em que vem à tona uma sequência devastadora de acusações, denúncias e subentendidos. Naquela entrevista concedida a Luiz Costa Pinto, Pedro atribuía ao irmão crimes de enriquecimento ilícito, evasão de divisas, tráfico de influência, entre outros.

Em consequência, já em 1º de junho, instaurou-se no Congresso uma Comissão Parlamentar de Inquérito sobre o assunto, e Pedro Collor foi o primeiro a depor. Na verdade, as relações de Fernando Collor com o Congresso nunca foram muito amistosas, mas algumas lideranças, a exemplo de Ulysses Guimarães, ainda se moviam com extrema prudência. A manifestação das ruas que se seguiu, entretanto, acelerou os acontecimentos.

Em 13 de agosto, Collor arriscou uma convocação ao povo para "sepultar a conspiração contra seu governo". Além da presença de multidões nas praças e avenidas, brandindo as cores do Brasil, ele esperava a agitação de bandeiras e outros símbolos nas janelas e nos frontispícios das casas.

O resultado foi funesto e foi o começo do fim. O povo compareceu, mas vestido de preto, e, ao contrário do programado, pedia o *impeachment* do presidente. A partir de então, o movimento cresceu de forma autônoma, isto é, sem lideranças, e guiado tão somente por um propósito, chegando a reunir 400 mil pessoas no Vale do Anhangabaú, em São Paulo – sobretudo estudantes, com os rostos pintados de verde e amarelo (os caras-pintadas).

Era o sinal que faltava ao Congresso. Em sintonia agora com o sentimento das ruas, o Parlamento se sentia à vontade para cumprir as exigências constitucionais e regimentais e, em fins de setembro, já estava pronto para votar o *impeachment*.

Os aliados de Collor ainda tentaram uma reação. Às vésperas da votação, um deputado paranaense, que atendia pelo anagrama de Onaireves (cujo pai se chamava Severiano Moura), promoveu um jantar de apoio ao presidente, que contou com sua presença. Foi um instante melancólico: compareceram apenas 86 dos 513 deputados federais, e saíram todos com a convicção do fato consumado.

Efetivamente, no dia seguinte, 29 de setembro de 1992, a abertura do processo de *impeachment* na Câmara foi aprovada por 441 votos a favor e apenas 38 votos contra, computando-se, ainda, 23 ausências e 1 abstenção.

Roberto Campos foi o primeiro a votar. Estava internado em uma clínica em Botafogo, no Rio de Janeiro, mas fez questão de comparecer. Chegou ao plenário em cadeira de rodas, pelo que lhe foi dado o privilégio de votar em primeiro lugar. E ele, que não gozava de muita simpatia entre os colegas, foi estrepitosamente aplaudido quando proferiu o sim.

Parecia feliz, mas depois comentou: "É lamentável. É um desperdício profundamente lamentável. É mais uma oportunidade que o país perde. Como, então, um moço que chega à Presidência da República aos 40 anos de idade, ungido com as melhores expectativas de uma nação, com um futuro brilhante e ilimitado à frente, vem a malbaratar todo esse capital político, a troco de vantagens que nada lhe acrescentariam! Para mim é mais uma esperança que se frustra. Nunca o liberalismo, que é a minha razão política, esteve tão perto de acontecer neste país, e nunca foi tão irresponsavelmente escorraçado".

Trinta anos depois, Fernando Collor pediu perdão ao povo brasileiro pelo estrago na economia e pelo sofrimento infligido com o confisco dos saldos das cadernetas de poupança e contas-correntes (quando o equivalente a 100 bilhões de dólares sumiram das bolsas dos cidadãos), afirmando em tom cândido e confessional: "Infelizmente, errei. Gostaria de pedir perdão a todas aquelas pessoas que foram prejudicadas pelo bloqueio dos ativos".

Francisco Rezek

Foi contemplado por Collor com gestos de altíssima consideração e atribuições de grandeza exponencial, o que mostra que, apesar dos modos ríspidos, o presidente também sabia ser grato e terno conforme as circunstâncias.

Assim, logo no início do governo, Rezek foi nomeado ministro das Relações Exteriores, deixando por isso o Supremo Tribunal Federal, onde estava desde 1983, nomeado que fora por João Baptista Figueiredo, por indicação de Leitão de Abreu. Embora não fosse diplomata de carreira, o cargo se conformava ao seu perfil como professor de Direito Internacional Público. Entretanto, a nomeação suscitou indagações e olhares oblíquos.

Leonel Brizola, por exemplo, foi bem direto e declarou que a nomeação de Rezek para o Ministério das Relações Exteriores "eivava de suspeição todo o processo eleitoral de 1989", ao que o ministro retrucou imediatamente, desqualificando as declarações e tachando-as de "argumento rasteiro"[15]. Ao cabo de dois anos, esgotado o interesse do ministro pela pauta do Itamaraty, Collor realizou uma proeza inédita, nomeando-o de novo para o STF. Assim, Francisco Rezek foi o único cidadão brasileiro a ocupar duas vezes o cargo de ministro do Supremo Tribunal Federal, desde a sua fundação, em 1829 (quando tinha o nome de Supremo Tribunal de Justiça), tempo ao longo do qual abrigou 298 eminências togadas, sem nenhuma outra repetição.

Não há que se negar os méritos pessoais do ministro, a sua extraordinária formação intelectual e o reconhecimento dos seus pares, dentro e fora do país. Tanto assim que, na era pós-Collor, foi eleito pela Assembleia Geral da ONU (com apoio já do presidente

15 Fonte: CPDOC/FGV. (N. do A.)

Fernando Henrique Cardoso) ministro da Corte Internacional de Justiça, com sede em Haia; o mesmo cargo foi ocupado no passado por Rui Barbosa e Epitácio Pessoa, por exemplo.

Mas é virtualmente impossível separar essas atenções de Fernando Collor para com Francisco Rezek dos resultados daquele julgamento de 9 de novembro de 1989, até porque tais gentilezas tinham certa organicidade; não se limitavam à pessoa do ministro e favoreciam também sua equipe – a exemplo de Irineu Tamanini, seu assessor de imprensa ao tempo do TSE, que se transferiu de armas e bagagens para o Palácio do Planalto, assumindo a subsecretaria de comunicação do governo e passando a trabalhar com Claudio Humberto, o mais arguto e articulado dos chefes de propaganda de Fernando Collor.

Seria tudo isso mero acaso, coincidência ou alguma forma de retribuição? Por cima de todas as dúvidas, o ministro Francisco Rezek jura, por todas as juras, que não votou no primeiro turno em Fernando Collor. *Honni soit qui mal y pense!*[16]

Eduardo Cunha

Agraciado por Fernando Collor com a presidência da Telerj (Telecomunicações do Rio de Janeiro S/A) e apadrinhado por PC Farias, Eduardo Cunha teve uma ascensão fulgurante, multiplicando os talentos recebidos, etapa por etapa, até chegar às culminâncias do poder, ou ao zênite da vida pública, para usar uma expressão da época, de onde despencou, espetacularmente, enredado em graves denúncias de corrupção, tráfico de influência, lavagem de dinheiro, evasão de divisas e formação de quadrilha. Em curto espaço de tempo, migrou da presidência da Câmara dos Deputados para a prisão em São José dos Pinhais, próximo a Curitiba.

---

16 Ao pé da letra: "Maldito seja quem pensar mal disso". Divisa adotada pelo rei Eduardo III para a Ordem da Jarreteira, ao tempo em que o francês era língua franca entre os nobres ingleses e a malícia temperava os saraus da corte. (N. do A.)

O seu batismo eleitoral, diga-se de início, foi bisonho. Candidatou-se a deputado estadual no Rio de Janeiro e obteve apenas 15 mil votos, mas, na qualidade de suplente, conseguiu assumir o mandato por dois anos.

Logo em seguida, porém, associou-se a Anthony Garotinho, que o nomeou presidente da Companhia Estadual de Habitação (Cehab), e a Francisco Silva, deputado federal e dono da Rádio Melodia do Rio de Janeiro, que lhe abriu as portas da emissora, onde cunhou um bordão: "O povo merece respeito", repetido exaustivamente, como se fosse o próprio lema da sua vida pública.

Desde então, a sua rotina política foi uma fieira de brilhantes resultados e grandes conquistas. Eleito deputado federal, repetiu a façanha por mais três vezes, sempre com votação crescente. Em 2008 se elegeu presidente da Comissão de Constituição e Justiça (CCJ), a mais importante entre as comissões permanentes da Câmara dos Deputados. Em 2013 chegou à liderança do PMDB, a segunda maior bancada do Congresso, o que queria dizer um pé no estribo para alcançar a presidência da Câmara. E isso efetivamente aconteceu em 2015, quando obteve mais votos na disputa em plenário do que os outros três concorrentes (Arlindo Chinaglia – PT, Júlio Delgado – PT e Chico Alencar – PSOL) somados. Tornava-se também o terceiro homem na linha sucessória da Presidência da República.

No curso dos seus mandatos, Cunha se apresentava como prócer de fortes convicções religiosas, com grande influência sobre a bancada evangélica e defensor dos valores tradicionais e da moralidade. Entre os projetos de lei que encaminhou, alguns dos mais lembrados estão nesta linha: o projeto que manda punir a discriminação contra heterossexuais e institui o Dia do Orgulho Heterossexual e o projeto que penaliza ações abortivas em caso de estupro. Presumia-se que Eduardo Cunha tinha como propósito chegar à Presidência da República. E ninguém duvidava que ele tinha, para tanto, habilidade, calculismo, esperteza, determinação e tudo o mais que Maquiavel entendesse caber na palavra *virtù*.

Com tantos atributos, porém, acabaria lamentavelmente incorrendo na ensinadela do dito popular "sabedoria quando é grande demais engana o dono". Assim, no avesso de tudo que granjeou, e como se fosse uma cópia invertida da sua trajetória radiosa, uma sequência implacável de denúncias e imputações arrastaria fatos negativos em série, desconstruindo o seu projeto político e quiçá a sua própria vida pública. Primeiro, por decisão judicial acatada pela Câmara dos Deputados, foi afastado do seu mandato parlamentar e, consequentemente, da presidência desse órgão; depois, sob acusação de mentir perante uma Comissão Parlamentar de Inquérito (CPI), teve o seu mandato cassado e se tornou inelegível até 2026. Por fim, em maio de 2017, foi condenado a quinze anos e quatro meses de prisão. Para o senso comum, seria esse mais um caso de insucesso por excesso de expertise.

Antônio Carlos Magalhães

ACM não participou diretamente do governo Fernando Collor, mas influenciou, sobremodo na composição e nas ações político-administrativas.

O seu partido (PFL) emplacou seis ministros: Jorge Bornhausen, Carlos Chiarelli, Alceni Guerra, Célio Borja, Ricardo Fiúza e Eraldo Tinoco, os dois últimos por indicação sua. ACM conseguiu ainda a nomeação de Joel Rauber para a Secretaria Nacional de Comunicações e de Ângelo Calmon de Sá para a Secretaria do Desenvolvimento Regional. Nada mais justo ou adequado para quem teve papel decisivo em momento delicado, na primeira etapa da campanha, quando era imperioso negar legenda a Silvio Santos.

Logo após a posse de Collor, ACM afastou-se da cena de Brasília para cuidar de sua campanha para governador da Bahia. Tinha como adversário um antigo correligionário, Roberto Santos, ligado ao governador em exercício Nilo Coelho e ao ex-governador Waldir Pires, que havia renunciado no ano anterior para se candidatar a vice-presidente da República na chapa de Ulysses Guimarães. ACM investiu com acerba veemência nos temas segurança e combate à corrupção. Seu *slogan* não oficial – "chega de moleza, queremos malvadeza" – ecoou forte nas vielas de Salvador e pelo estado afora. E assim ele se elegeu governador da Bahia pela terceira vez, com folga.

Quando as denúncias de corrupção contra Collor começaram a crescer e as perspectivas de um *impeachment* foram ficando mais consistentes, ACM procurou ajudar o amigo. Arregimentou outros governadores para se solidarizarem com o presidente, sem maiores resultados. Orientou seu liderado Eraldo Tinoco, ministro da Educação, a franquear mais as portas do ministério aos parlamentares, atenuando o "tecnicismo abusivo" que vigorava naquela repartição e concorrendo para reforçar a base congressual do presidente. Os resultados foram igualmente precários. Por fim, já na undécima hora, tentou induzir a sua bancada baiana (aquela parte da bancada que ele habitualmente controlava com mão de ferro) a votar contra o *impeachment* em plenário. Também não foi bem-sucedido. Instalou-se um princípio de rebelião, envolvendo mesmo deputados com forte tradição "carlista", como Benito Gama, José Carlos Aleluia e Manoel Castro – que, por sinal, eram estrepitosamente aplaudidos à medida que proclamavam seus votos a favor do *impeachment*.

Beijava a lona o gladiador, mas sem perder o estilo. Ele sabia que era uma missão impossível; mesmo para ele, acostumado a grandes desafios, alternando dificuldades e superação. Nessa linha, seu filho,

Luís Eduardo Magalhães, manteve-se indiferente a todas as evidências e votou contra o *impeachment*.

Roberto Marinho

Roberto Marinho redobrou os cuidados no segundo turno. Afastada a ameaça Silvio Santos, remanesciam ainda perigos à esquerda. Leonel Brizola, seu desafeto declarado, havia sido exorcizado no primeiro turno ao perder para Lula da Silva por somente 0,67%, mas conseguira superar mágoas e ressentimentos e anunciara apoio ao candidato do PT, a quem apelidara, com ambivalência afetiva, de "sapo barbudo".

Roberto Marinho tinha, pois, suas razões para preocupações. Aqueles dois juntos já representavam um risco considerável à incolumidade do seu império. Eles somavam 22 milhões de votos pela contabilidade do primeiro turno, ultrapassando Collor, que alcançara 20 milhões. E ninguém, em sã consciência, podia subestimar a capacidade de transferência de votos de Brizola. A situação se agravou com a adesão de Mario Covas, o quarto colocado, e de outros, ditos "progressistas", espalhados pelos diversos partidos, formando-se, então, uma aliança de respeitáveis proporções em torno do sindicalista.

Pior ainda, em paralelo a esses fatos, a campanha de Lula crescia espontaneamente e com força própria, graças ao conteúdo e à forma. Uma campanha bonita, envolvente e bem estruturada, que, a cada apresentação na TV, deixava longe a de Collor, na tarefa de conquistar corações e mentes. Resumo da ópera: havia uma possibilidade bem concreta de Lula ganhar a eleição.

Roberto Marinho nunca se fez de rogado. Desde o primeiro instante arregaçou as mangas, mobilizando o seu enorme exército em todas as mídias. Espaços generosos para o seu pupilo; editoriais ferinos, matérias distorcidas, invencionices, entrelinhas tendenciosas, imagens capciosas ou críticas abertas a quem ou ao que se lhe opusesse.

Nada adiantou. Lula crescia vertiginosamente. Entre os dias 1º e 10 de dezembro, a diferença pró-Collor caiu de 12% para 6% e, na reta final, a três dias da eleição, a situação já era de empate técnico. Empate tenso, mas rigoroso, confirmado por todos os institutos de pesquisa: Ibope, Gallup e Datafolha.

A decisão ficaria para o último lance da partida: o grande debate televisivo programado para o dia 14 de dezembro. O pessoal da Globo preparou Collor minuciosamente. Entre outros cuidados, tirou-lhe a gravata, borrifou-lhe glicerina à guisa de suor e o municiou com umas pastas vazias que aparentavam conter denúncias documentadas contra Lula e que Collor ia manipulando com insistência, a cada momento, para tirar a concentração do oponente. No dia seguinte, o reconhecimento foi geral: Collor ganhou o debate e, com certeza, ganhou a eleição ali. Mas, como seguro morreu de velho, Roberto Marinho preparou um tiro de misericórdia para aquela data: a edição do debate no *Jornal Hoje* e no *Jornal Nacional*, com a sua extraordinária penetração em todos os quadrantes do país.

José Bonifácio Sobrinho, o Boni, principal executivo da Globo, abaixo dos Marinho, mandou editar aqueles noticiários de maneira nitidamente facciosa, selecionando os melhores momentos de Collor e os piores momentos de Lula, além de conferir mais tempo de visualização ao primeiro. Aquilo acabou de fazer a cabeça do eleitor, e o resultado não poderia ser outro: Collor, 53,03%, e Lula, 43,07%.

Não há dúvida de que o desfecho foi uma vitória de Roberto Marinho e do sistema Globo, qualquer que seja a valoração ética que se dê aos métodos. Mas, quando o presidente caiu em desgraça na opinião pública e passou a ser vaiado e agredido verbalmente nas ruas, Roberto Marinho foi se afastando prudentemente da sua cria. E, quando a perspectiva do *impeachment* se fazia irrecorrível, a Globo foi abrindo espaços cada vez mais amplos na cobertura das manifestações públicas e das ações no Congresso, em favor da aplicação daquele instrumento constitucional.

Por fim, faltando ainda um mês para o Congresso consumar o afastamento do presidente, o diligente e atilado Roberto Marinho já abria as portas da sua suntuosa mansão no Cosme Velho, no Rio de Janeiro, e recebia o sucessor Itamar Franco para jantar. Itamar chegou acompanhado de José Sarney, que havia articulado o encontro. Começava naquela noite o presidencialismo de coalizão, em contraposição a três anos de solipsismo arrogante.

Leitão de Abreu

Discreto como foi a vida inteira, dr. Leitão recolheu-se às suas atividades privadas, como jurista e professor, tão logo silenciaram as fanfarras da vitória de Collor. Nutria, porém, uma esperança obsessiva de que a sua aposta tivesse sido acertada. Afinal de contas, ele gastara toda a sua boa-fé no trabalho de convencimento dos seus pares e colegas, costurando no Judiciário a solução final para o problema Silvio Santos. Havia se atirado à causa como um templário medieval, na convicção de que lutava pelo resgate da moralidade e da pureza dos costumes na vida pública; pelo retorno das boas práticas administrativas e pelo ingresso definitivo do Brasil no concerto das nações mais evoluídas. Tudo isso deveria ocorrer à conta do intrépido "Caçador de Marajás".

Quando a situação mudou e o governo começou a se estiolar, ele ainda procurou ajudar. Sugeriu a Collor que fizesse uma reforma ministerial (o que efetivamente aconteceu, em 30 de março de 1992) e recomendou o nome de Célio Borja para o Ministério da Justiça, entre outros palpites. Nada obstante, a situação continuou de mal a pior, até que, em maio daquele ano, Pedro Collor, irmão do presidente, deu a tal entrevista explosiva à revista *Veja*, com invectivas terríveis, que iam desde a denúncia de corrupção até o consumo de drogas pesadas. Aquela entrevista faria aluírem de vez as bases de sustentação do governo e mudaria o curso da história. Dr. Leitão sentiu o impacto, mas guardou a fé.

Nada mais, entretanto, poderia fazer; porque teve diagnosticado um câncer agressivo que o prostrou, embora nunca tivesse exaurido a sua atenção para com o cenário político e administrativo do país. Em 29 de setembro, a Câmara dos Deputados votou favoravelmente ao processo de *impeachment* e determinou o afastamento do presidente. Aquilo fez recrudescerem as suas preocupações. Poucos dias depois, ele receberia a visita do seu amigo Sydney Sanches, então presidente do Supremo Tribunal Federal. Sanches declarou que o encontrou incomodado com a repercussão internacional dos fatos, mas sobretudo muito triste, porque ainda admirava profundamente o presidente. Leitão não viveria para assistir ao final do enredo que ajudara a urdir com a mais reta das intenções e cujos capítulos acompanhara com extremoso desvelo. Faleceu em 13 de novembro. No mês seguinte, o Senado completaria a destituição do presidente Fernando Collor e suprimiria seus direitos políticos por oito anos.

Silvio Santos

Silvio voltou a postular uma candidatura em 1992. Dessa vez a prefeito de São Paulo. Estava no auge da sua carreira, vertendo popularidade por todos os poros, de bem com a vida e com o mundo. Já era a figura pública mais admirada e querida do Brasil, segundo pesquisas de opinião divulgadas à época, e tinha agora o apoio incondicional da Executiva Nacional do seu partido.

Seria, pois, de novo, um candidato imbatível e, agora, com possibilidade real de chegar às urnas. Entretanto, começou a sofrer um processo insidioso de obstrução, ainda na pré-campanha, que evoluiu para demanda judicial e terminou em pancadaria. Grossa pancadaria, no sentido físico e literal da expressão.

Na origem, tudo perfeito. Silvio voltara ao PFL, um gesto venturoso. É possível que o PFL tivesse feito uma revisão ou autocrítica e tivesse percebido o equívoco que fora apoiar a candidatura e o governo Fernando Collor. Conjectura, a bem da verdade, irrelevante naquele momento. Importava saber que, esquecido o passado, Silvio Santos teria assegurada uma legenda respeitável para disputar a eleição, e o PFL ganhava a perspectiva nada irrisória de chegar à prefeitura da maior cidade do país. E assim, após rápidos entendimentos, Silvio filiou-se ao PFL. Estávamos felizes. Eu já havia me filiado fazia muito tempo, mas, curiosamente, só ali senti se completar o movimento de voltar para casa.

Fui, então, designado pela Comissão Executiva Nacional para integrar, com outros companheiros, em São Paulo, a coordenação da campanha.

Tudo parecia se encaixar como num jogo de armar. Eu havia deixado o Senado e trabalhava agora para o governo de São Paulo, como diretor executivo na construção da sede do Parlamento Latino-Americano, no bairro da Barra Funda, um edifício encantador da lavra de Oscar Niemeyer, que nele parecia ter aplicado toda a sua paixão pela integração econômica, política e social do continente. O Parlatino, como era chamado, compunha com o Memorial da América Latina, a seu lado, um conjunto harmonioso dedicado ao tema da integração e completava seu recado com quadros de Guayasamín e outros mestres, representando cada estado-membro.

Eu havia sido contratado por Orestes Quércia e mantido na transição por Luiz Antônio Fleury. Guardava, pois, uma boa relação com o governo e achava que aquilo poderia ser útil de alguma forma.

A filiação de Silvio Santos, em Brasília, entretanto, caiu como um petardo sobre os meios políticos de São Paulo. E a primeira reação foi justamente a de Fleury, que mandou um recado bem sucinto e direto ao nosso partido, proibindo movimentações mais incisivas. Em suas palavras, "Se o PFL participa do governo desde 1988, não faz sentido agora lançar candidato próprio". Escusado dizer que recebi também um ultimato de Fleury: "Ou se afasta da candidatura Silvio Santos ou será demitido". Não hesitei um minuto. Pedi demissão e fui substituído por um deputado venezuelano chamado Luis Corona. Em seguida, o governador avançou com manobras bem mais concretas e objetivas. Ele já tinha um candidato, Paulo Maluf, mas acionou o presidente estadual do PFL, José Papa Jr., e o todo-poderoso presidente do diretório municipal, Arthur Alves Pinto, para lançarem, por nossa legenda, um candidato a prefeito, Arnaldo Faria de Sá, a fim de dar legitimidade à obstrução de Silvio Santos.

Silvio, por seu turno, não se deixou abater e começou cedo o seu dever de casa, agindo agora como um político já experimentado, articulando-se pessoalmente com os diretórios distritais de São Paulo e com os delegados à convenção. Localizou o presidente da regional de Itaquera, o advogado Júlio Cesar Casares, que liderava mais oito delegados na zona leste, e o convidou para companheiro de chapa, como candidato a vice-prefeito. Julinho, como o chamávamos, mostrou uma garra impressionante. Reagiu a todas as pressões do governo e dos dirigentes locais. O mesmo, porém, não ocorria com os demais delegados. Intimidados, eles evitavam receber Silvio Santos. Pensamos em contornar a situação, realizando uma prévia – uma espécie de eleição primária – para fazer valer a vontade dos filiados. O tempo, porém, conspirava contra essa ideia; faltava apenas um mês para a convenção. Optamos, então, por pedir a intervenção do Diretório Nacional sobre a seção paulista. E assim foi feito. Baldadas algumas tentativas de conciliação, o Diretório Nacional decidiu promover a intervenção. Júlio Casares foi designado presidente da comissão interventora, tomou posse e a guerra recrudesceu.

Os ex-titulares do partido em São Paulo atropelaram a decisão do Diretório Nacional e marcaram sua convenção, de qualquer maneira, para escolher os seus candidatos.

A comissão interventora conseguiu uma liminar no TRE contra essa convenção. Os governistas insurgiram-se mais uma vez, conseguiram uma nova liminar e acabaram realizando a sua convenção, indicando Arnaldo Faria de Sá como candidato a prefeito.

Nós marcamos a nossa convenção para o dia 24 de junho, o último para esse fim no calendário eleitoral, na sede do Sport Club Corinthians, gentilmente cedido por Marlene Matheus, viúva do lendário presidente do time, Vicente Matheus. Em que pese o clima carregado que se instaurou, Júlio Casares preparou uma festa de arromba para a homologação de Silvio Santos, com show de cantores, foguetes e sobretudo muito público. Silvio seria recebido apoteoticamente em meio aos trabalhos. Mas, na véspera, fomos comunicados pela direção do clube que não teríamos mais o ginásio; o show havia sido suspenso e a convenção teria de ser realizada no restaurante do clube. Não havia alternativa senão acatar, dado que o edital de convocação estabelecia aquele local e aquela data. Ficamos com a nítida convicção de que algo mais cabeludo estava sendo tramado. Por medida de precaução, nosso advogado, Ernani Gurgel, sugeriu que fizéssemos cópias ou clones do livro de atas, para a hipótese de que grupos viessem a tomar de assalto o recinto e tentassem sequestrar o verdadeiro, chancelado pelo juiz eleitoral, que teria de ser entregue no TRE-SP até a meia-noite daquele dia.

Abertos os trabalhos, um grupo de arnaldistas, malufistas ou governistas avançou ameaçadoramente. Nós tínhamos meia dúzia de seguranças protegendo a mesa e os nossos convencionais.

Assisti, então, em pleno coração de São Paulo, a um espetáculo de selvageria política, com notas tragicômicas, como jamais havia visto, mesmo nos mais perdidos rincões do interior da Paraíba. Socos, pontapés, cadeiras voando, mesas reviradas. Pancadaria de todo calibre. Inúmeros feridos. A batalha durou quase uma hora.

Amainada a situação, com a horda de filisteus saciada pelo saque de livros e papéis, começamos o inventário de perdas e danos. E aí, o milagre aconteceu: o livro verdadeiro e as atas estavam a salvo. O advogado Ernani Gurgel, pequenino e valente, havia se entrincheirado em um banheiro com aqueles documentos e resistido, Deus sabe como, a toda sorte de investidas e vexames. Além disso, verificamos que todos os nossos delegados haviam votado. Corremos ao Tribunal e conseguimos protocolar livro e ata, faltando dez minutos para expirar o prazo legal, fixado para as vinte e quatro horas.

Silvio havia sido poupado. Estava se preparando para ir ao Corinthians, mas foi sabiamente aconselhado a não comparecer. No dia seguinte, toda a mídia proclamava a sua vitória e elogiava o seu comportamento.

Os adversários, entretanto, não davam sossego e recorriam de novo ao Judiciário. Já havíamos visto esse filme antes. Iniciou-se uma batalha jurídica, saturada de recursos, embargos, razões e contrarrazões que, ao final de tudo, terminaram desaguando no TSE. Uma decisão judicial, uma vez mais, seria impeditiva ao sonho de Silvio Santos de servir ao povo e, nas suas palavras, "retribuir ao povo o carinho e a confiança" com que fora cumulado ao longo da vida. O TSE anulou as duas convenções e não houve recursos das partes. A candidatura Silvio Santos estava, assim, excluída da disputa, e o terreno pavimentado para a eleição de Paulo Maluf. A decisão do TSE era irrecorrível, nos termos da Constituição. Silvio estava impugnado.

Não sei como aquela sequência de episódios desconfortáveis na política foi processada pelo meu amigo Silvio Santos. Os sinais eram contraditórios. Durante anos ele fez referências simpáticas a mim, a Hugo Napoleão e a Edison Lobão, em praticamente todos os seus programas dominicais, como se não quisesse apagar aquela memória.

Chegou a participar indiretamente de minhas campanhas políticas, com interesse e gestos de atenção surpreendentes. Em um primeiro momento, ele me autorizou a usar sua fotografia junto com a minha em panfletos de campanha. Isso jamais aconteceria outra vez, com nenhum candidato a qualquer cargo eletivo. Depois, mandou imprimir cartazes e pôsteres meus, de bom tamanho, em São Paulo, despachando tudo sem ônus para a Paraíba, em reforço ao meu material de campanha.

Em outra ocasião, enviou uma de suas assistentes de palco mais conhecidas, a Flor, nome artístico de Florina Fernandez, que permaneceu por mais de um mês na Paraíba, também sem nenhuma carga sobre as nossas finanças, plenamente integrada e comparecendo a praticamente todos os atos públicos. Flor, diga-se de passagem, foi um sucesso absoluto. Subia nos palanques em trajes, digamos, pouco ortodoxos, cantava, dançava e fazia discursos com muita graça, arrastando multidões, eletrizando o distinto público e não raro levando-o ao delírio.

Por derradeiro, recorde-se que Silvio Santos transformou um de seus programas mais prestigiados, o *Show do Milhão*, em uma verdadeira celebração à arte da política e à vida pública. Convidou, entre os seus amigos, nada menos que doze representantes da atividade em diversos cargos e partidos, com distintos traços ideológicos. Lá estavam Aloizio Mercadante (PT-SP); Esperidião Amin (PTB-SC); Paulo Maluf (PPB-SP); César Borges (PFL-BA); Olívio Dutra (PT-RS); Albano Franco (PMDB-SE); Marconi Perillo (PSDB-GO); Anthony Garotinho (PSB-RJ); Hugo Napoleão (PFL-PI); Jaime Lerner (PFL-PR) e Roberto Jefferson (PTB-RJ). Tive a honra de integrar esse grupo e participar do que se poderia chamar de uma noite de gala para a política nacional e para a televisão. A audiência foi estrondosa. E a repercussão em todo o país seguiu na mesma linha. O programa gerou as conversas do dia, do Oiapoque ao Chuí; alcançou os outros meios – jornais, rádios e revistas de fim de semana – e fortaleceu a venda de jogos de tabuleiro e computador baseados em sua matriz.

Mais importante que tudo, Silvio voltara a conviver com a política, bem junto aos seus agentes mais legítimos e significativos. Estava feliz e descontraído e parecia outra vez plenamente integrado àquele universo, como se a ele nunca tivesse deixado de pertencer.

Além disso, ele contribuíra, a seu modo, para melhorar a percepção do grande público em relação aos políticos, mostrando o lado não oficial ou não protocolar ou, ainda, não eleitoral da atividade e deixando entrever outras facetas mais humanas e menos programadas dos seus personagens.

Na sequência, ele próprio procurou manter o mesmo relacionamento com a classe, abrindo espaços em diversas ocasiões a quantos militassem naquele ambiente desafiador e excitante, fossem do governo ou da oposição, sempre com deferência exemplar. Na outra ponta do processo político ele mantinha intensa a sua ligação com o povo, e este permanecia fiel e cada vez mais atento aos seus acenos. Em 2001, essa relação ornou-se de um brilho apoteótico. A sua história se tornou enredo da escola de samba Tradição, do Rio de Janeiro, e ele desfilou na Marquês de Sapucaí, palco que é sinônimo de consagração nacional. Cantava com empolgação o samba da escola, que começava assim: "Olha que glória, que beleza de destino, pra esse menino Deus reservou, ô ô". O povo cantou com ele. O Rio cantou com ele; o país todo cantou com ele. E aquele samba-enredo foi o campeão do ano. Nada mal para um campeão de audiência e, por certo, um campeão nas urnas.

Parecia, então, que admitia um retorno, ou mesmo que estava se preparando para uma nova lua de mel com a política, e cada sinal emitido era analisado com interesse pelos dirigentes partidários em geral.

Não podia ser diferente com o meu partido. No final de 2005, já integrando os quadros de um novo partido, o Partido Social

Cristão (PSC), fui solicitado pelo seu presidente, Everaldo Dias Pereira, e outros membros da Comissão Executiva Nacional, como Gilberto Nascimento, de São Paulo, e Eliel Santana, da Bahia, a fazer uma consulta a Silvio Santos sobre a possibilidade de ele disputar a eleição no ano seguinte, como candidato à Presidência da República pela nossa legenda.

Preparei-me como pude para aquela missão, mas o resultado foi frustrante. Disse a ele que o país ainda se ressentia daquela aventura inglória que resultara na investidura de Fernando Collor de Mello; que continuávamos andando em círculos, procurando fugir da mesmice, numa interminável procura pelo novo; que o nome dele gerava expectativa cada vez mais forte no seio da população e no meio político; que estávamos atentos também às questões práticas, como o controle partidário e o ambiente jurídico; que, enfim, nós esperávamos que ele assumisse a candidatura e chegasse à Presidência da República para fazer frente às grandes questões sociais que ele havia aflorado na campanha de 1989, com as quais guardava indiscutível afinidade e que continuavam intactas, como um desafio ingente à capacidade de realização dos homens.

Acho que ele já imaginava o motivo de minha visita. Tanto assim que ouviu, com paciência franciscana; refletiu um pouco, mas depois foi peremptório:

– Marcondes, eu estou construindo um hotel aqui no Guarujá. É uma pequena joia arquitetônica à beira-mar. Você vem aqui, bota um calção de banho ou uma bermuda, a gente toma um uísque ou um bom vinho e fala sobre tudo no mundo; fala abobrinha, fala mal da vida alheia, fala até de coisas sérias, mas... política, nunca mais!

Notas e referências

Capítulo 1 – Quinze dias para Silvio
O recordista em exiguidade de tempo, porém, foi o senhor Jaime Lerner, do PDT, que em 1988 entrou na disputa pela prefeitura de Curitiba, faltando doze dias para a eleição; venceu e fez uma administração exemplar que é referência nacional e internacional até hoje.
Fonte: CPDOC/FGV.

Capítulo 3 – Hipérboles na TV
Silvio Santos foi ao ar pela primeira vez no programa gratuito da Justiça Eleitoral no dia 6 de novembro. Mas, já no dia 2 desse mês, o deputado José Felinto se antecipava e surpreendia o país apresentando Silvio Santos como candidato a presidente pelo PMB. Talvez por ser evangélico e pastor, carregava nas alusões bíblicas, associando os dons de Silvio Santos com aqueles do "libertador Moisés, do sábio Salomão, do administrador José do Egito e do valente Davi".
Ver: NÊUMANNE, José. *Atrás do Palanque*. Siciliano, 1989.

Capítulo 4
De Jânio Quadros, sobre as dificuldades técnicas para votar em Silvio Santos:
"Bobagem. Um povo que preenche aquele volante da Loteca não vai ter a mínima dificuldade em pôr um **X** no lugar certo na cédula".
Fonte: NÊUMANNE, José. *Atrás do Palanque*. Siciliano, 1989.

Capítulo 6 – Para a linhagem Abravanel, ver:
NETANYAHU, Benzion. *Don Isaac Abravanel – Statesman & Philosopher*. Cornell University Press, 1998.

Esse autor, falecido em 2012, também teve uma descendência ilustre. Seu filho, Benjamin Netanyahu, é o primeiro-ministro de Israel. Outro filho, Yonatan "Yoni" Netanyahu, integra a galeria dos heróis nacionais – foi comandante da unidade de elite do exército (Sayeret Matkal) e foi morto na Operação Entebbe, preparada e conduzida por ele para resgatar judeus sequestrados em um voo da Air France desviado para Uganda, em 1976. Daquela missão exitosa, o comandante Yonatan foi o único combatente israelense que não retornou para casa com vida. Está sepultado no Monte Herzl.

Ver também:
DINES, Alberto. *O baú de Abravanel*. Companhia das Letras, 1990.

Capítulo 9 – Desconforto também para o vice
No açodamento da hora, o procurador de Justiça da Paraíba, Inaldo da Rocha Leitão, chegou a formatar denúncia contra o candidato a vice-presidente, situando-o como incurso no art. 299 do Código Penal, por falsidade ideológica. Alegava que ele informara ter se filiado ao PMB no dia 3 de novembro, na cidade de Sousa-PB, onde o partido formalmente não existia.

Verificou-se logo que o procurador laborava em equívoco, pois que tal filiação ocorrera em Brasília, no dia 31 de outubro. Sua Excelência desistiu da ação, mas não ficou afastada a impressão de que a iniciativa tinha a ver com disputas políticas locais.

Fonte: *O Globo*, 10 de novembro de 1989.

Capítulo 12 – Admiração por Roosevelt
A admiração por Roosevelt foi proclamada em diversas ocasiões. Entre os contemporâneos, Silvio citava Felipe González, primeiro-ministro da Espanha e ex-secretário-geral do Partido Socialista Operário Espanhol (PSOE), como um bom exemplo de estadista.

Epílogo – O *day after* – Parlamento Latino-Americano
Uma equipe de alto nível integrava conosco os trabalhos de construção da sede do Parlamento Latino-Americano: dr. Paulo de Tarso Santos, ex-ministro da Educação e ex-deputado federal; Ana Cecilia de Aquino, publicitária; e a salvadorenha Rina Angulo, que depois veio a ser embaixadora do seu país no Brasil. A arquiteta Cecília Scharlach representava Oscar Niemeyer nas reuniões.

Imagens de um sonho

Silvio Santos acompanha Armando Corrêa no ato de filiação ao PMB.

O ato de filiação no Senado.

Silvio discursa em um gabinete no Senado.

Em Brasília, no saguão do Senado, a multidão de repórteres querendo
falar com o candidato Silvio Santos em 31 de outubro de 1989.

JUÍZO DA __258ª__ᵃ ZONA ELEITORAL

ESTADO DE SÃO PAULO

COMARCA DE_____SÃO PAULO___—__INDIANÓPOLIS

**FORNECIMENTO GRATUITO
ISENTO DE SELO**

CERTIDÃO

MARIA SILVIA BARBOSA RIOS BUENO

Chefe do Cartório da 258 ª ZONA
ELEITORAL DO ESTADO DE SÃO PAU-
LO, na forma da lei etc.,

C E R T I F I C A, de acordo com os assentamentos
deste Cartório, que __SENOR ABRAVANEL_____,
filho de __Alberto Abravanel x.x.x.x.x.x.x.x.x.x.x.x.x.x.x.
e de __Rebeca Abravanel x.x.x.x.x.x.x.x.x.x.x.x.x.x.x.x.x.x.x
nascido aos __12__ de __dezembro_____ de 19 __30__, na cidade
de __Rio de Janeiro_____,
Estado de ____Rio de Janeiro_____,
inscrito sob nº __968397401-16__, na __316__ a. seção desta
Zona Eleitoral, __Indianópolis - Capital_____,
filiou-se ao Partido __Municipalista Brasileiro - P.M.B.
x.x.x.x.x.x.x.x.x.x.x.__, em __04__ de __novembro____
de 19 __89__, xxxxxxxxxx __na Comissão Provisória Regional
x.x.x.x.x.x.x__, sob nº __3.245_____. O referido é verdade e dá fé. Em __06__ de __novembro_____ de 198 __9__. Eu, _____
__Natalia R. da Silva_____,
datilografei e conferi. E eu _____
____Chefe_____ do Cartorio da 258 ª Zona Eleitoral do
Estado de São Paulo, subscrevo.

A certidão de filiação ao PMB.

CORREIO BRAZILIENSE

Brasília, quarta-feira, 1 de novembro de 1989

ELEIÇÃO 89

Sílvio garante vaga e começa a campanha

O primeiro passe oficial assistido por Napoleão, entre seu vice Gadelha e o ex-candidato Corrêa, Sílvio filia-se ao PMB

Collor e Lula perderão mais

Durante todo o dia, suspense

Para Napoleão, tudo vai mudar

Vice adverte que não morre nem renuncia

Na foto do *Correio Braziliense* de 1º de novembro de 1989: Marcondes Gadelha, Silvio Santos, Armando Corrêa e Hugo Napoleão.

185

FOLHA DE S.PAULO

Diretor de Redação: Otavio Frias Filho • São Paulo, quarta-feira, 1.º de novembro de 1989 • Um jornal a serviço do Brasil • Ano 69 • N.º 22.127 • Al. Barão de Limeira, 425 • NCz$ 3,00

Silvio vira candidato a 15 dias da eleição

A apenas 15 dias da eleição, o animador e empresário de TV Silvio Santos foi lançado ontem candidato pelo PMB, no lugar de Armando Corrêa. O vice deve ser o senador Marcondes Gadelha (PFL-PB). A candidatura foi articulada pelo Planalto, que

TSE dá decisão final no dia 13

Para que os prazos eleitorais sejam cumpridos, o Tribunal Superior Eleitoral (TSE) só deve julgar o registro da candidatura de Silvio Santos dois dias antes da eleição. Como Silvio assitou sua ficha no partido ontem, a Executiva do PMB julga sábado (4 de novembro) sua inscrição. Não havendo impugnação da filiação, ele pede nesse dia o registro da candidatura. O "Diário Oficial" publica o registro na segunda (dia 6) e abre prazo até 11 de novembro para impugnação da candidatura. Se isso ocorrer (o que é provável), Silvio contesta dia 12 e o TSE dá a decisão em 13 de novembro. PÁG. B-1

buscava um nome contra os três primeiros colocados nas pesquisas e que mais o criticam: Collor de Mello, Leonel Brizola e Luis Inacio Lula da Silva. O Planalto já tentara isso junto ao empresário Antonio Ermírio de Moraes e a Jânio Quadros. Em entrevista,

Silvio disse: "Quero devolver ao povo um pouco do muito que o povo me deu". O presidente Sarney acha que a sucessão "embolou definitivamente". Silvio faz 59 anos a 12 de dezembro. **Diretas-89**

Leia a opinião da **Folha** no editorial "Silvio louco candidato", na pág. A-2.

Após fechar acordo com o PMB para ser candidato à Presidência, Silvio Santos, usado e com ar cansado, dá entrevista coletiva no Senado em que afirma que não entende de política - Diretas-89

A repercussão da entrada de Silvio na corrida eleitoral.

O jornal *The New York Times* de 3 de novembro de 1989 mostra em sua capa: Celebridade de TV entra na corrida presidencial no Brasil.

Pesquisa do Instituto Gallup, 2 de novembro de 1989, dois dias após o lançamento da candidatura de Silvio Santos: Silvio 29%, Collor 18,6%.

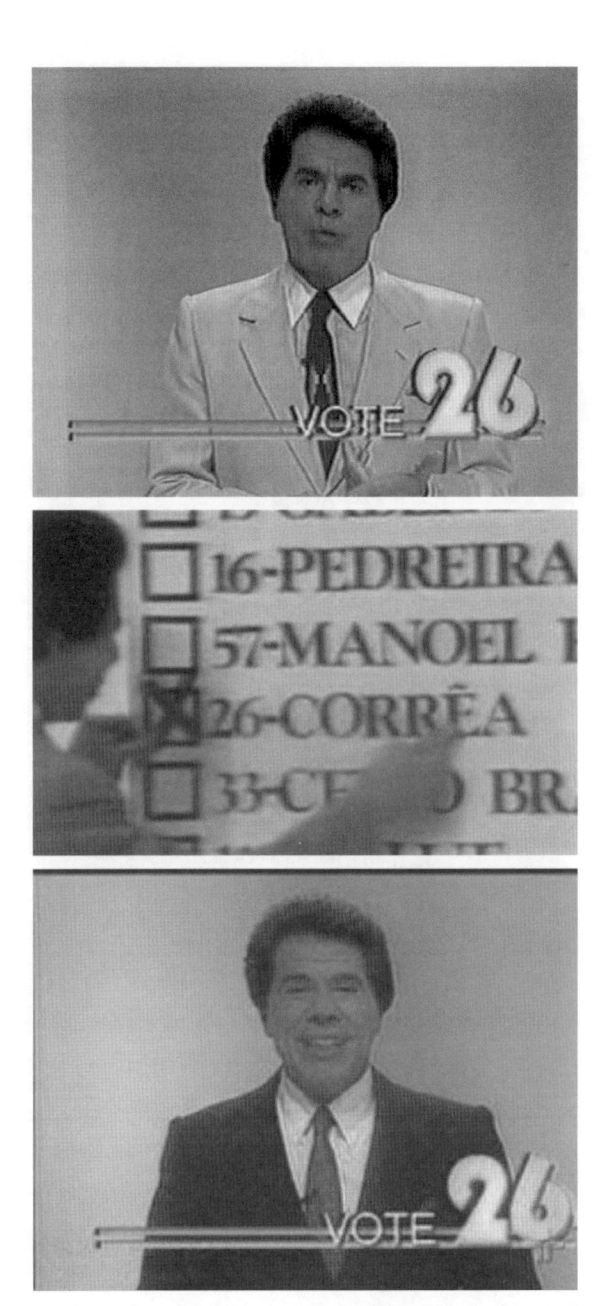

No programa eleitoral: como votar em Silvio, votando em Corrêa.

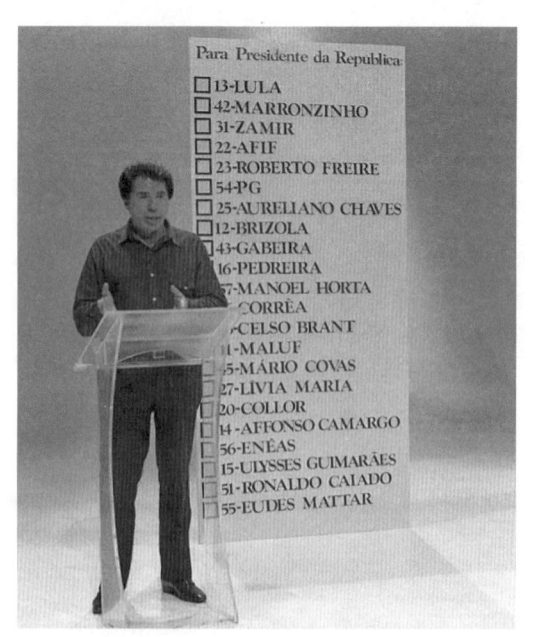

Silvio Santos nos estúdios do SBT, na Vila Guilherme, zona norte de São Paulo, gravando os programas do horário eleitoral até o fim do primeiro turno.

Brasão de armas da família Abravanel, conforme depositado nos arquivos da congregação portuguesa de Amsterdã.

Aureliano Chaves e Marcondes Gadelha.
O vai-não-vai da desistência mudou o panorama da eleição.

Sílvio não admite renúncia

São Paulo — O candidato do PMB à sucessão, Sílvio Santos, reafirmou ontem sua disposição em continuar na disputa pela presidência da República e negou qualquer possibilidade de renúncia da candidatura. "Que renúncia? Estou trabalhando diariamente até mais do que devia. Não passa pela minha cabeça renunciar. Consegui 29 por cento no Gallup, 2º lugar no DataFolha e o PFL continua tão entusiasmado com antes", disse o empresário animador Sílvio Santos, em entrevista concedida na porta de sua casa, no bairro do Morumbi. Ele afirmou desconhecer as informações publicadas pelo **Jornal do Brasil**, segundo as quais o vice do ex-candidato Armando Corrêa, Agostinho Linhares, teria recebido NCz$ 600 mil para renunciar em favor do dono do SBT "Eu conversei com o vice por telefone na tarde que antecedeu a entrega da carta de renúncia. Eu chamei o Agostinho disse a ele: Por que você não entrega a carta? Qual é a razão? Ele disse pra mim: eu vou ficar mal. Sou um político antigo em Belém do Pará e comecei no PMB, quando o PMB nem existia. Fui um dos primeiros. Não tenho condições de explicar ao meu eleitorado por que eu renunciei em favor do PFL".

O animador explicou ontem que o vice de Armando Corrêa pediu que ele fosse pessoalmente a comícios na capital do Pará, quando o deputado precisasse, e disse-sse as suas bases que Linhares renunciou "de coração". "Eu disse que ele poderia ficar tranquilo. Eu tenho uma televisão em Belém e não me custaria nada dar essas explicações. Conte comigo". Sílvio admitiu não ter "sentido firmeza" por parte de Linhares em entregar a carta. "Ele falou comigo mais como uma pessoa gentil do que como alguém que estivesse disposto a renunciar".

AJUDA

Sem muitas esperanças de que Agostinho Linhares renunciasse, Sílvio Santos disse ter pedido a ajuda do irmão do deputado, o vice-governador do Maranhão, João Alberto. "Eu disse: convença o seu irmão a entregar a carta. Eu preciso que o vice seja do PFL, até porque tudo começou com o PFL, que me garantiu o apoio de 15 mil vereadores, 1500 prefeituras, de mais de 100 congressistas, 13 senadores, de centenas de deputados estaduais. O João Alberto disse que iria interceder junto ao irmão", contou Sílvio Santos.

O empresário, repetindo sua história bastante sério, informou que logo depois da conversa com João Alberto, Linhares telefonou dizendo estar "inclinado" a renunciar, mas que precisaria de tempo para pensar. Agostinho Linhares teria dito que procuraria Armando Corrêa, para entregar a carta, possivelmente naquela mesma noite. "Eu disse a ele para me ligar e naquela mesma noite, às 0h20, ele me telefonou e disse: "Olha Sílvio Santos, tudo bem. Eu já procurei o Armando e entreguei a carta. Foi isso", resumiu Sílvio Santos.

O candidato do PMB disse desconhecer também a participação do presidente José Sarney no episódio da renúncia de Linhares.

Oscar é que vai defender o empresário

Com medo do poder de articulação do ministro das Comunicações, Antônio Carlos Magalhães, e da influência que poderá ter sobre o Tribunal Superior Eleitoral o ministro Leitão de Abreu, o comando da campanha de Sílvio Santos contratou os serviços profissionais do ex-ministro Correa, da Justiça e ministro aposentado do Supremo Tribunal Federal, Oscar Correa para defender o registro da candidatura do empresário e animador.

O jornal **O Globo**, de Roberto Marinho, começou a orquestrar, ontem, a pressão sobre os juízes que compõem o Tribunal Superior Eleitoral, publicando editorial na primeira página sob o título "Réquiem para uma imoralidade".

Mas, a contratação do ex-ministro da Justiça, Oscar Corrêa, representa uma prova de que os aliados de Sílvio Santos estão temerosos de que o TSE possa negar o pedido de registro de sua candidatura. As forças que se organizam para pressionar o tribunal a fim de conseguir que negue o registro são muito poderosas.

Roberto Marinho e Antônio Carlos Magalhães teimem que Sílvio Santos inviabilize a candidatura de Fernando Collor de Mello, disputando o segundo turno com um candidato de esquerda, que tanto poderia ser Leonel Brizola quanto Lula. Marinho não quer correr riscos e por isso luta para que Collor mantenha sua posição. É um desejo respeitável, mas difícil de se concretizar. A essa altura, os estragos que Sílvio Santos causou à candidatura de Fernando Collor são irreversíveis.

O lançamento da candidatura não prejudicou, apenas, a Collor. Este é o mais atingido. Mas, há outros igualmente prejudicados, principalmente Paulo Maluf e Lula. No debate dos presidenciáveis, o quarto promovido pela **Rede Bandeirantes**, Sílvio Santos foi o ausente mais presente em todas as intervenções dos diferentes candidatos.

O ministro aposentado do Supremo Tribunal Federal e ex-chefe do Gabinete Civil da Presidência da República, João Leitão de Abreu, repeliu ontem insinuações de que estaria influenciando a decisão dos ministros do Tribunal Superior Eleitoral sobre o pedido de registro da candidatura do empresário e animador de auditório Sílvio Santos. O jornal **"Folha de S. Paulo"** publicou notícia, desmentida pelo ministro neste sentido.

"Tais informações, no que me diz respeito, foram colhidas, certamente, em fontes inidôneas e desleais, para não dizer mendazes", afirmou Leitão de Abreu.

"Desde que a candidatura Sílvio Santos veio à tona, ou se concretizou, não troquei palavra, escrita ou falada, com nenhum dos ilustres ministros que integram o TSE, como poderá testemunhar qualquer um deles, e se o tivesse feito, não seria seguramente para deduzir argumentos contra o registro da candidatura Sílvio Santos", esclareceu.

Duelo de ex-ministros: Oscar Corrêa (e) enfrentará Leitão

Desavindos, mas nem tanto. Duelo desativado antes de começar.
Correio Braziliense, 7/11/1989.

Nº 5924

BRASIL

Isaura Silva Rey

~~Fernando Sabóia Lima~~

Oficial do Registro Civil das Pêssoas Naturais da 3.ª Circunscrição
Freguesia de Santo Antonio do Estado da Guanabara

Oficial substituto ~~JORGE THIAGO SBANO~~
Sylvia Goulart de Miranda

CERTIDÃO DE NASCIMENTO

CERTIFICA que a fls. 60v do livro n.º A.150 sob o n.º 2.225
de registro de nascimentos consta o de Senor Abravanel .-

nascido a os doze de dezembro de mil novecentos e
trinta à0 hora 15 minutos, na Travessa
Bentivi, Nª 15, Vila Ruy Barbosa.-

do sexo masculino , de côr branca , filho de Alberto
Abravanel e Rebeca Abravanel

sendo avós paternos Senor Abravanel e Dudu Abravanel, digo, Dudun
Abravanel

e maternos Nissim Caro e Behora Caro

Foi declarante Moysés Isaias e Isaac Haiat, digo, o pai
e serviram de testemunhas Moysés Isaias e Isaac Haiat.-

Termo lavrado em 16 de dezembro de 1930

Silvio, brasileiro e carioca da gema.

194

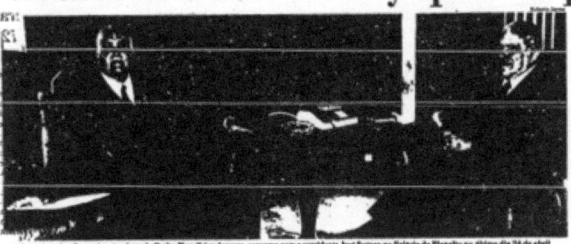

Conspiração Globo

Marinho avisa Sarney que ataques continuam

Marinho orientou Collor para atacar candidatura

Conspiração Planalto

Vice de Silvio Santos procura acalmar dono da Globo

Entre tapas e beijos... *Folha de S. Paulo*, 9/11/1989.

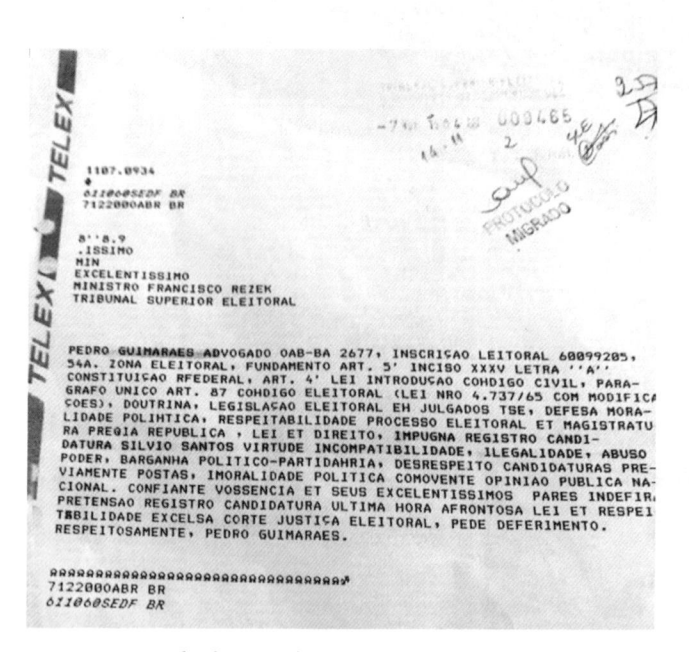

Petição encaminhada por telex, na linguagem correspondente.
Talvez a mais veloz e concisa na história do TSE.

DOC. 4

CARTÓRIO MEDEIROS
4.º REGISTRO DE TÍTULOS E DOCUMENTOS

REPÚBLICA FEDERATIVA
—— DO BRASIL ——

Rua Miguel Costa, 44 · CEP 01008
Fone PBX 34-8156 · São Paulo, SP

O BACHAREL JOSÉ AUGUSTO LEITE DE MEDEIROS,
escrivão do 4.º Registro de Títulos e Documentos, com ofício anexo
de Registro Civil das Pessoas Jurídicas da Comarca de São Paulo, SP,
República Federativa do Brasil, etc.

CERTIFICA

e dá fé, que verificando os livros do arquivo do cartório a
seu cargo, no Registro Civil de Pessoas Jurídicas,encontrou
registrado sob nº de ordem 97.160/84 do livro "A",e em da/
ta de 26 de dezembro de 1984,o contrato social da socieda/
de denominada TV STÚDIOS DE BRASILIA S/C.LTDA",CGC/MF.nº
54.065.370/0001-36,com sede e foro nesta Capital,à Rua Do/
na Santa Veloso nº 575,Vila Guilherme,e posteriormente em
data de 22 de dezembro de 1986,sob nº de ordem 137.515/86;
em data de 19 de janeiro de 1987,sob nº de ordem 138.507/87;
em data de 28 de agosto de 1987,sob nº de ordem 151.112/87;
em data de 03 de agosto de 1988,sob nº de ordem 170.504/88;
em data de 17 de julho de 1989,sob nº de ordem 188.215/89;
5(cinco) alterações do aludido contrato social,todas regis/
tradas no mesmo livro "A" de Registro Civil das Pessoas Ju/
rídicas. A sociedade tem por objeto e execução de serviços
de radiodifusão sonora ou de sons e imagens,com finalidade
educacional,cultural,informativa e recreativa que venha ob/
ter do Governo Federal,mediante autorizações,permissões ou
concessões,em qualquer localidade do Território Nacional.-
Na execução dos serviços,a sociedade explorará a propaganda
comercial,nos limites e forma estabelecidos na legislação es/
pecífica. CERTIFICA AINDA que o Capital Social atual é de
NCz$.177.100,00(cento setenta e sete mil e cem cruzados novos),
inteiramente subscrito e realizado,dividido e representado em
70.000(setenta mil)cotas sociais,no valor nominal de NCz$2,53
(dois cruzados novos e cinquenta e três centavos)cada uma,in/
divisíveis e assim distribuídas: SENOR ABRAVANEL com 69.300 -
cotas-.Cz$.175.329,00 e ELEAZAR PATRICIO DA SILVA com 700 co/
tas-NCz$.1.771,00. CERTIFICA FINALMENTE que a sociedade é ad/
ministrada,isoladamente,pelos Srs. ELEAZAR PATRICIO DA SILVA
ou GUILHERME STOLIAR,este último por delegação do primeiro,aos
quais são conferidos amplos e plenos poderes para praticar to/
dos os atos normais de administração e de gerência,na defesa -
dos interesses da sociedade,em juízo e fora dele,sendo-lhes -
vedado,entretanto,o uso da razão social em operações ou negó/
cios estranhos ao seu objeto social,especialmente a concessão
de avais,endossos,fianças ou cauções em favor de terceiros.-
="/O REFERIDO É VERDADE E DOU FÉ. São Paulo,27 de outubro de 1989.
X-X-X-X-X-X-X-X-X-X-X-X-X-X-X-X-X-X-X-X-X-X-X--_-X-X-X-X-X-X-X-X-X
As certidões passadas pelos oficiais públicos fazem a mesma prova dos documentos originais
CÓDIGO CIVIL, arts. 137 e 138 · Lei 6015, de 31-XII-72, Art. 161

Extrato do contrato social em que se detalha a participação de
Silvio Santos apenas como acionista.

197

PODER JUDICIÁRIO

TRIBUNAL SUPERIOR ELEITORAL

RESOLUÇÃO Nº 16.284

(de 06 de março de 1990)

REGISTRO DE PARTIDO Nº 165 - CLASSE 7ª - DISTRITO FEDERAL (Brasília).

INTERESSADO: Armando Corrêa da Silva, Presidente Nacional.

Partido Político. Registro definitivo. Partido
Municipalista Brasileiro-PMB.

- Indefere-se o pedido de registro definitivo
  formulado pelo Partido Municipalista Brasilei
  ro, em face do não cumprimento de todas as
  exigências legais dentro do prazo concedido
  para sua organização definitiva.

Vistos, etc.

R E S O L V E M os Ministros do Tribunal Superior E
leitoral, por unanimidade de votos, indeferir o pedido, nos ter
mos do voto do Relator, que fica fazendo parte integrante da de
cisão.

SALA DAS SESSÕES DO TRIBUNAL SUPERIOR ELEITORAL.
Brasília, 06 de março de 1990.

FRANCISCO REZEK - Presidente.

SYDNEY SANCHES - Relator.

ARISTIDES JUNQUEIRA ALVARENGA - Procurador Geral
Eleitoral.

PMB – só se morre duas vezes.